西欧キリスト教文明の終焉

——日本人と日本の風土が育んだ自然と生命の摂理——

中西 真彦
土居 正稔

はじめに

本書を起稿した目的についてまず述べておきたい。著者二人は、今は亡き恩師斉藤了�《のりまさ》先生の薫陶《くんとう》を受けた同門の弟子であり、半世紀以上にわたる親友である。

現在、世界は混迷の度をますます深めている。国際政治の視点からはいうに及ばず、人間社会の社会構造も経済発展、効率を何よりも重視する物質的豊かさ第一主義に加えて、人間を物的な精密機械とみなす人間観の影響などによって人間の精神、心性の高貴さは冒瀆《ぼうとく》され、人々の精神は荒廃し、おぞましい非倫理的、反社会的事件が日常茶飯事のように頻発している。

地球環境の破壊にも歯止めはかからず、人類の存続そのものにも黄信号が点滅し始めている。各国は対策を協議しているが、各国の主権の利害は衝突し、合意への道は遠く、残された時間はあまりにも短い。

この危機からの脱出については、どうやら現在の世界の指導理念である西欧キリスト教文明に代わる新しい人類の文明理念が、二十一世紀の国際社会の指導理念として登場することが不可欠である。そしてその使命を担う文明は、実は数万年昔の縄文時代以来、日本文明の中で営々として醸成《じょうせい》されてきた哲学の中にあるとわれわれは考えている。

恩師斉藤先生の哲学は、一般には世に知られていないが、日本文明の基層に潜む哲学に深く根を下ろし、そこから養分を吸収して開花させた独創的哲学であり、明治以降、日本に文明開化の産物として輸入され、日本の学者たちが金科玉条とした古代ギリシャ以来の西洋哲学から生まれたものではない。先生は、ギリシャ文明成立のはるか以前の縄文時代の太古から日本の古代人たちが自然と共生し、自然の摂理に響動、共鳴しながら見とったところのアニミズムの中に万古不易の真理が潜むことを天才的な洞察力で看取し、それに合理的な解明を与えた独創的思想家である。

我々二人がかつて先生の薫陶の中で若き血をたぎらせ研鑽《けんさん》を積んだ青春の熱き志は、幾星霜の辛酸の時を経て今なお退行せず、かえって磨かれ研ぎすまされ、静かに燃え続けている。明治維新の原動力の一つであり、吉田松陰たち志士を駆り立てた陽明学の真髄は、「知ることとは実行すること」であった。我々も今なお青春の夢と志を捨てず、理想の実現に向かって挑戦すべく二人で語り合い、取りかかったのが前著『人間の本性の謎に迫る』（日新報道）の出版であり、今回の本稿の執筆・出版の行動である。

我々はいわゆる専門の哲学者ではない。一人の市井人の目で見、耳にとらえたもの、また先人の知見に学んだ知識を、先生の思想を核として練り上げ本稿の作成に当たった。したがって専門の文献学・歴史学・考古学・比較文明論等や宗教・哲学・自然科学などの専門学者先生たちから、いろいろとご批判もあると思われるがご容赦願いたい。しかしながら逆に、専門分野に閉じこもらず、数十年にわたって実業界や現実の教育界の荒波にもまれ、人の世の表裏明暗の世界の体験は、人間観、人生観、世界観、宗教観の実際を考えるに当たって、洞察力を深め、鋭く確かな判断力を養うのに磨きがかかったのではなかろうかと考えている。

前著『人間の本性の謎に迫る』は、科学や哲学、宗教の視点で人間の本性を論じた人間論であり、我々の第一回目の作品である。今回の『西欧キリスト教文明の終焉』は、西欧キリスト教文明との比較文明論として、日本文明の基層に潜む哲学の人間観・世界観の卓越性、普遍性を論じたものである。

次回の出版予定として、これら二書を踏まえた上で、十分に触れることのできなかった各論を正面から取り上げてみようと思っている。政治・経済、道徳、教育、宗教などの問題がそれである。

政治・経済の分野では「自由と民主主義」が最良の政治手法とみなされ、アメリカはその旗印のもと、戦争に訴えてまでそれを他国に強要しようとしている。しかし民主主義がアメリカなどの信ずるような普遍的な政治理念であろうか。我々の見るところ民主主義には重大な欠陥があり、イラクやアフガニスタンの現状に見られるように民主主義では世界は治まらないと見る。このことを人間観・世界観から原理的に明らかにし、それに代わる生命論的な政治体制が必要であることを提示できると考えている。道徳、教育の改革の必要性は緊急のものとして求められているが、その際、道徳や教育の基軸となるべき理念が何であるかが定かでなく、合意に至っていない。そのため相対立する道徳論、教育論が入り乱れ、議論は紛糾し本格的改革にはほど遠い。我々の目指すのは道徳、教育の抜本的見直しである。そのために古来からの日本文明の基層に憲法や教育基本法の核心となるべき哲学があり、その解明こそが重大事であって、この哲学の中に道徳、教育の基軸のあることを提示しようと思っている。

最後の宗教、神の分野は二十一世紀の人類に課せられた最大の問題である。現代の紛争、戦争は文明の衝突の様相を呈しているが、各文明の基底となるものはいうまでもなく、それぞれの宗教である。だからこの宗教の問題の解決なしには世界平和の実現は絵に描いた餅に過ぎない。人類の未来は宗教問題解決にかかっているといっても言い過ぎではないと我々は考えている。しかしそれはそれぞれの文明における神・信仰に関わるだけに，困難で微妙な問題を孕《はら》んでいる。

我々の見るところ信仰は宗教の根幹をなし、犯すべからざるものとみなされているが、果たして信仰が絶対のもの、不可侵のものであろうか。我々はそうとは思わない。信仰には正信と迷信があり、前者は是であるが、オウム真理教に見られるがごとき信仰は明らかに迷信であり認めるわけにはいかない。我々は宗教に関しても是は是とし、非は非として、宗教の絶対性に挑戦し和解への道を探りたい。

それで次稿はもともと本稿の具体的内容となるべきものであり、本稿で取り扱うつもりだった。けれども広範な内容を含み紙数の都合で、稿を改め次稿とした次第である。以上三部作で我々のもっている問題意識は原理的に完結に至るものと考えている。

本稿の序章、第1章、第2章、及びむすびは中西が、第3章、第4章は土居がそれぞれ分担執筆した。しかしながら起稿に当たって我々共著者は何を主題とし、どのような視点でどの程度書くかなど構想の段階から、綿密に意見交換した。また文章の作成に当たっても互いに共著者の文章をチェックし、私情を交えず率直で真剣な吟味を行い、削除、加筆などの修正を加え文章を練り上げた。必要な時には度々名古屋で落ち合い、3〜4時間にわたる意見交換を繰り返し、場合によっては大幅な変更がなされた。それは昭和二十年代の斉藤先生指導の哲学講義を再現するようで、新たな創作に燃える若き情熱にあふれ、すかっとした気分で帰途についたことは忘れがたい思い出である。その意味で本稿は全章が二人の共同であるともいえるもので、類書とはその成り立ちが違っている。

なお本稿の作成に当たっては畏友《いゆう》丸山凱士兄の参考文献の整理をはじめタイプアップ作業などの協力があって実現したものであり、厚く感謝している次第である。また出版に当たってはザ・ブック社長山下隆夫氏と、JPS出版局の高石左京氏の友情溢《あふ》れる御支援があって実現したものである事を記して感謝にかえたい。

二〇〇七年六月吉日

中西真彦

土居正稔

目　次・西欧キリスト教文明の終焉

序章

激しさを増す「文明の衝突」

日本国は今、溶解が始まっている。縄文時代のはるか昔から、営々として醸成され、脈々として受け継がれてきた日本文明の骨髄が溶け始めている。人の一生には浮き沈みはつきものであり、栄枯盛衰は世のならいである。『平家物語』は言う。「祇園精舎の鐘の音、諸行無常の響あり、沙羅双樹の花の色、盛者必衰の理をあらはす」と。しかしながら、人間は金銭のために、自分の損得のために、恩人を裏切ったり、大恩ある親をなぐり殺したり、犬や猫の畜生でもわが子は命がけで守るのに、自分の都合でわが子を殺す。こうなれば、その人は、人間の人間たる精神が溶融してしまったのであり、復活と再生はありえない。今、日本の社会では、このようなおぞましい出来事が日常茶飯事に頻発している。日本人のアイデンティティー、すなわち「日本国の精神」は、再生不可能な臨界点に近づきつつあると言えよう。

文明史的に見ると、日本国の二十世紀は、明治維新の偉業を成し遂げ、国家の近代化のために西欧先進文明を柔軟に且つ大胆に取り入れエポックメーキングに成功した。そして大国ロシアとの戦争に世界を驚かせる大勝をした。この時点までは、司馬遼太郎の『坂の上の雲』に活写されているごとく、日本人のアイデンティティーとその精神は生き生きと躍動し、日本文明は紛れもなく光彩を放っていたと言える。しかしながら、その後の大正期から昭和にかけての二十世紀前半は経済政策の失政による昭和恐慌等が引き金となり、軍閥による右傾化が進み、国家の破産が待ち受けている太平洋戦争へと突入していったのである。

昭和二十年、敗戦により壊滅的打撃を受け、国家解体の危機に瀕したが、廃墟の中から不死鳥のごとく立ち上がり、世界の奇跡と言われた復興を成し遂げ、経済大国へと成長していった時点で、未だ日本文明のもつ明治以来の良き伝統の精神構造は、国家・国民の中に生き続け、日本人のアイデンティティーとして、これぞ日本人と言える世界に誇れる美質をもっていた。であるが故にこそ、世界が賞賛する「奇跡の復活」もあり得たのである。しかしながら現在の日本は、あたかも、昔の再影も偲《しの》べないほど別人のごとく変貌した人になりつつある。

そして恐るべきは教育である。教育を誤れば国は滅びに至る。終戦時にアメリカ占領軍によって、全体主義・軍国主義体制復活の阻止のために、日本人の精神構造を大きく変革する意図をもってなされた教育の改革は見事に成功したと言えよう。憲法に比肩できる「教育基本法」の精神・理念によって教育され洗脳され成長した日本人は、今や終戦時より六十年を経過して、親・子・孫の三世代にわたっている。結果として、伝統的な日本人の美質であったその独自性は徐々に失われていき、アメリカ文化の色に染めあげられてしまったと言っても過言ではないであろう。その文明の特色は一言で評すれば、ヒューマニズム（人本主義）を最高の価値あるものとして個人の自由と個人の権利こそ最も大切なものとする「個人至上主義」であり、自由こそ最も尊ぶべきものとする「自由競争主義」であり、物質的豊かさこそ人生にとって最も重要とする「経済第一主義」である。

他方、世界はどうであろうか。人類社会は二十一世紀に入っても、あらゆる視点から見て危機的状況にあると言える。二十世紀は世界大戦を二度経験して、人間の大量殺戮《さつりく》を繰り返し、また社会主義陣営の国家では、誤った国家運営の理念の下に、反体制側の同胞を何百万・何千万人と殺す内戦を行う等をした残酷な世紀であった。二十一世紀に入ってこの二十世紀への反省と教訓が生かされているであろうか。国際社会では、政治的には東西両陣営の思想的・軍事的対立は解消したが、米ソ対立に替わって米中対立の不気味な胎動が始まってきており、中東でのイラク問題を始めイランの核保有問題等、イスラム圏文明と西欧キリスト文明の対立抗争は泥沼化し、アメリカの強力な軍事力による一極支配にも綻《ほころ》びが見え始めている。東西対立の二極体制の世界では、もう一方の超大国から自分達を守る保護者として、多くの国がアメリカを歓迎した。しかしながら、現在の一極・多極体制の世界では、唯一の超大国は他の大国にとっては脅威となる。地域大国は、自らの支配する地域にアメリカが介入することは望まないとの姿勢を見せ始めている。

世界の平和と秩序維持の役割を果たすべき国連は、各国の国家主権に立ったナショナルインタレスト（国益）の鬩《せめ》ぎ合いで立ち往生して機能せず、アナン前事務総長をして「国連は死んだ」と嘆かせるような事態にあり、日本では国連への信仰と幻想が未だ根強く残ってはいるが、アメリカも欧州も国連への信頼は紛れも無く低下している。サミュエル・ハンチントンが『文明の衝突』で述べているごとく、世界は各文明圏の対立・衝突が益々増幅し、出口なき袋小路に入ってしまっていると言えよう。

「日本文明」が混迷する世界を救う

世界はまた、市場原理主義経済の拡大に伴い、貧富の格差が広がり世界人口の過半数の人々が、まともな住まいと食にありつけない反面、富める国々では、物質的豊かさ第一主義・経済至上主義がはびこり、一つの文明が滅びに至る前兆である精神性の尊重が希薄となり、様々な社会の病理現象を引き起こしている。このような現実の結果として、自然の破壊が進み、人間による自然の征服すなわち地球環境の破滅をもたらし、人類は自らの手で地球という素晴らしい惑星を存続不可能にしようとしている。地球環境問題への対策は単に国際的な枠組みで共同して取り組みましょうと言っても不可である。この問題の解決には、物質的豊かさへのあくなき欲求、即ち経済第一主義の現代の文明の大きな反省が不可欠であり、そのためには現在、世界を支配している西欧キリスト教文明のもつ人間至上主義の理念に替わる新しい文明理念が必要となる。

世界はこのまま破滅への道を進むのであろうか。はたまた現代文明の主役であった西欧キリスト教文明に替わる新しい文明、すなわち世界を救うことのできる新しい文明の登場を期待できるのであろうか。

ここで結論を先に言えば、我々は日本文明の中にこそ、この新しい文明の理念が隠されていると考えている。この課題に応えるのが本稿の目的であり、本文で詳しく述べる予定であるが、その前に「日本文明」なるものの定義について少し触れておきたい。世界には様々な文明があり、その分類も学者により色々言われているが、ここでは世界を七大文明に分ける説を紹介すると、西欧キリスト教文明・ロシア正教文明・イスラム文明・ヒンズー文明・中華文明・日本文明・中南米ラテンアメリカ文明であり、その中の一つである日本文明は、中華文明やヒンズー文明の周辺文明としてではなく、一つの国で一つの大文明を形成している唯一の例であると位置づけられているのが文明史家達の定説となっている。『文明の生態史観』の著者であり、知られた文明論の学者である梅棹忠夫氏は、日本文明を独立した一大文明とする見方を取るべきであり、中華文明等の周辺文明、亜流文明であるとの見方には疑義を唱え、アジアの他の文明とは全く本質を異にする文明である事を強く主張している。この事は、日本文明こそ混迷する世界を救う事のできる独創的な内実を秘めた文明であるとの「仮説」の下に、その独自性を探ってゆこうとする我々に、文明史、比較文明論の立場からの力強い援軍であると理解している。

しかしながら、日本文明なるものが果たしてそのような実力と内実を秘めているものであるかどうかの、客観的な評価がなされねばならない。単に日本人であるが故の身びいきであっては意味がないわけであり、冷静かつ具体的な文明の内実への取り組みが求められる事は言うまでもない。しかしながら我々は本稿で日本文明を実証史学に裏打ちされた専門的な文明論として解説する力量もなければ意図もない。それらについては先人の勝れた文明史家達（津田左右吉・和辻哲郎・柳田国男等々）の業績に学び、それをふまえて、我々の目的に挑戦していきたい。我々の目的は、日本文明の基層に秘められている人間観・自然観・神観の哲学をえぐり出す事である。先人達があまり議論していない日本文明に内包されている独自の哲学は何か、という点に焦点を絞って論述を進めたいと考えている。

我々は従って日本文明が新しい世界の文明理念になりうる哲学を秘めている所以《ゆえん》を本稿で探ってゆく事となる。そしてもしこの試みに成功し、読者の共感が少しでも得られれば、今、日本人の間にはびこっている歪められた史観や極端な自己卑下に走った国家観の是正や、それらによって自信喪失してしまっている若者達に、逆に日本に生まれてきた事を誇りに思えるようになる自信と夢を与える事となり、例えば大きな国家の課題である教育基本法の見直しと改革についても、単に制度の改革にとどまらず、内実である新しい教育理念＝哲学の明示も可能となるだろう。占領下の進駐軍によるアメリカンカルチャーに基づく理念が色濃く反映している現在の基本法の内実こそ改正されるべき最も大切な核心部分であり、それは「日本国の精神」「日本人のアイデンティティー」を踏まえた、日本国の「国のかたち」である憲法と共に、日本文明の基盤の上に借りものでなく新しく構築されなければならないものである。さらにまた他の国家の諸制度の改革のためのあるべき方向性も示す事ができるのではないかと考えている。

幸いにして今、世界には新しい流れが起きている。かつての米国とソ連の東西対立の時代を超えて、対立抗争から連携協調への動きである。ＥＵ連合に始まり、米州地域ではアメリカ・カナダ・メキシコのＦＴＡＡ（米州自由貿易地域）の連携の動きがあり、またアジアでは東アジア共同体構想等が動き始めている。そして文明の衝突ではなく、文明の対話によって、各国がお互いに多様性を認め合いながら共存共栄してゆこうというものである。また、さらには世界連邦を結成しようと目論んでいる人々もいる。これらの動きはこれはこれで誠に結構な事ではあるが、この事は、ただ多様性の集まりでは、烏合《うごう》の衆であり、右往左往するだけとなる。この場合、不可欠なものは連帯を可能ならしめる絆となる哲学＝理念である。そしてやはりどうしてもお手本となる文明が不可欠となる。その場合、かつての自らを中心に置き周辺国は一段下に見る、いわゆる「華夷秩序」の構築を目論む中華文明思想ではもはや通用しない。もちろん現在の世界の指導理念となっている征服主義が基盤にある西欧文明の限界は実証済みである。日本文明のような、まず譲り、相手に合わせ、相手の長所は柔軟に取り入れ吸収しながら、相手と一つになって相手を救《たす》け相手に貢献してゆく哲学こそ求められる新しい文明理念ではなかろうか。上述の世界の連携協調の動きは、日本文明が世界に貢献する時代背景が準備されつつあると思えてならない。

「人間至上主義」対「自然との共生」

次に本稿の全体の構成を簡潔に骨子だけ述べる予定であるが、まず論述の順序としては、文明論の基盤をなす人間観・自然観・神観のうち「人間とは何か」という人間観から始めるべきと考えている。これらの文明の基層にある哲学こそ文明の核心をなすものであるからである。我々は前回出版した『人間の本性の謎に迫る』で人間論を論じたが、今回は日本文明や西欧文明の核心にある哲学として、各文明圏の人々が人間をどのように捉え、人間をどのようなものとして考えたのかを論じてみたい。例えば西欧キリスト教文明においては、旧約聖書に語られているごとく、人間は「地上のあらゆる生きものをつき従わせる特別の存在」として人間至上主義が読み取れるが、日本文明における人間は、一言で表現すれば、自然の中に「自然と共に生きる」、さらに言えば「自然によって生かされている存在」である。両文明を比較検討する事により両者の内に秘められている哲学が鮮明に浮かび上がってくるであろう。

さらに本稿では、前回の人間論であえて触れなかった点であるが、人間は古来からの謎である、「いずこより来たりていずこに去るのか」という、人間発生の始源問題に挑戦してみる。鎌倉時代の鴨長明の『方丈記』にも「知らず、人のいずこより来たりていずこに去るかを」とあるごとく、この問題は有史以来の人類の謎であり、従って前人未踏の困難な課題であるが、いずこに去るかの問題はさておき、いずこから来たかという始源者に向かって、現代生命科学を踏まえ、客観的に、主観的推論や宗教的信仰論は排除した解析に挑戦するつもりである。その目的は本稿の最後で述べる予定である倫理・道徳の新しい規範の確立に不可欠のものであるからである。道徳の退廃は目を覆《おお》うばかりのおぞましい最低の水準にある。道徳の再生復活のためには結論を先に述べれば、他律的な教訓的規範は現代人にはもはや通用しない。必要な規範は、自律的な、こうすればこうなる！　このように行動すれば結果はこのようになる、といったものである。従って自ら自制するという説得力ある実践倫理の哲学である。このような新しい倫理・道徳論の詳論は、紙数の都合上、稿を新しくして次稿で論ずる予定である。

ところで人間の究極の始源を探り、始源者の実在を想定することは「人間」と「自然」と「神」との三者の関わりを考えねばならない課題へと我々をいざなう事となる。そもそも人間と自然と神は根本的にどのようなものであり、三者は、それぞれどのような関係にあるかが問われねばならない。この文明を理解する上での基本条項というべき人間観・自然観・神観の解明は、各文明を知る上で不可欠なものである。現在世界を支配している西欧文明に替わる新しい文明の模範が日本文明にあるとすれば、日本文明の基底にあるこれらの哲学が、どのような特色をもち、西欧キリスト教文明の哲学とどのように異なるのかを比較検討する事が必要となる。我々は本稿の主題である「日本文明が世界を救う」という課題に応えるために、この両文明の底流にある人間観・自然観・神観の哲学を抉《えぐ》り出し、両者を比較しながら論述を進める事としたい。このプロセスの中から西欧文明の長所・功績の「明」の部分と、限界であり短所である「暗」の部分が見えてくるはずであり、同時に日本文明の核心が浮かび上がってくれれば幸いである。

以下簡潔に本稿で述べる骨子を紹介したい。世界の文明は、一つの解釈として七大文明に分類されているが、二十一世紀の世界を支配しているのは、その中の一つである「西欧キリスト教文明」である。そこで比較文明論の手法で本稿では西欧キリスト教文明がもつ明の部分と暗の部分の二つの側面を掘り下げてみる。

明の側面は一言で言えば、ルネッサンスに始まり十九世紀から二十世紀にかけての自然科学の目覚しい発達と産業革命による計り知れない物質文明・機械文明の人類社会への恩恵であり、これはまさに西欧キリスト教文明の果たしたものであると言えよう。世界の多くの人々の物質的豊かさと生活上の利便さの向上は、未だこの恩恵に浴さない取り残された国々があるとはいえ、この文明に負うところが大であると言わざるを得ない。

また、この文明圏の代表国家であるアメリカ合衆国は、様々な国々から多種多様な民族が移民してきてできた連邦国家であるが、世界では未だ人種・民族・種族・宗教等の違いからお互い差別しあい、相対立して闘争する不毛の戦いの絶えない中で、アメリカは民主主義の旗印の下に、平等に人権を認め、内実はともかくとして一切差別せず包括して受け入れ、一つの連邦国家を見事に運営している。この姿は将来の人類の理想である地球連邦国家の先がけとも言えよう。アメリカ建国は、ピルグリム・ファーザーズと呼ばれるピューリタンが信仰の自由を求めプリマスに上陸した時に始まる。独立革命の理念は、初代大統領のワシントンの「神よ！　我々をヨーロッパから導き出し新しい世界に連れてきたのはあなたでした。あなたは重い灰色のヨーロッパの歴史を繰り返されるのを望まないはずである」との神への誓いの言葉に読み取れるごとく、古い因習にとらわれない新しい自由で斬新で開放的な国を創る事にあった。この建国の理念は、アメリカ人の自由闊達で公明正大に何事にも率直に是は是として、非は非として認め発言する精神風土として定着しており、アメリカンカルチャーの素晴らしい特色と言えよう。そしてこの美質は、その後のパックス・アメリカーナの時代を実現する原動力であったと言える。

次に、西欧キリスト教文明のもつ暗の部分を掘り下げてみる。著名なドイツの文化哲学者オズワルド・シュペングラーは文化形態学を駆使してその著書『西洋の没落』で、二十一世紀には西洋は没落すると予言したが、我々はシュペングラーとは異なった独自の視点から解明し、この文明がもつ理念＝哲学が、世界平和実現のための指導理念としては、普遍性＝絶対性に欠ける所以《ゆえん》と限界を解説してみる事とする。二十一世紀初頭の今、世界文明があらゆる面で閉塞状態にあり、パックス・アメリカーナの終りの予兆が見え始めているが、その所以《ゆえん》は一言で評すれば、世界の指導理念である西欧キリスト教文明の内奥に秘められている哲学に遠因が隠されていると我々は見る。西欧文明はギリシャに発するヘレニズムとキリスト教を源流とするヘブライズムの流れがあるが、二十一世紀の現在その底流にあって今なお強い影響力を持ち続けているのがキリスト教である。ブッシュ大統領の演説にも、しばしば旧約聖書の言葉が引用されるのは人の知るところである。そもそもキリスト教は超絶一神論であり、一神教は他の神を、即ち他の宗教を否定し拒絶する。その当然の帰結として、他民族・他宗教への征服、闘争の歴史となって現れる。キリスト教の十字軍等の歴史もその一つであり、アラブ側から見た十字軍は、女・子供も皆殺しにしてその肉を喰らうすさまじい動物的な殺戮《さつりく》集団であった。現在の中東での際限無き「目には目を」の報復合戦も、その根は深く、このような宗教文明の対立抗争にいきつく。

キリスト教は神を絶対者とする。そして人間は、その神から自分に似たものとしてつくられた特別のものとして位置づけられ、他の地上の生物達を付き従わせ繁栄することが約束されている思想が旧約聖書に語られている。またルネッサンスの時代に生まれ、「啓蒙思想」の時代から政治に取り入れられるに至った世界観、即ちヒューマニズム（人本主義）がある。ヒューマニズムは人間を至上の存在と見る点に特色がある。自然科学の発達と共に、人間生活の利便性向上のために、人間のために自然はひたすら破壊され続け、今や森林の喪失は地球環境のメカニズムを狂わせるところまできてしまっている。

西欧文明の政治上の基盤である「民主主義（デモクラシー）」は、人間が互いに相手の言う事を理解し、コンセンサスに到達し、これを基本に共同体を運営するところにデモクラシーがある。多数者の意見を吸い上げ多数決でモノゴトの正否を決める流儀であり、これは絶対専制君主による独断専行の政治形態よりははるかに勝る政治手法ではあるが、真理はしばしば多数決による決定の外にある事は、地動説を唱え唯一人で多数の人々の天動説に反対し続けたガリレオ・ガリレイを見るまでもなく、ギリシャの哲学者プラトンが指摘した衆愚政治の危険をはらんでいるものであり、現代企業社会での成功・失敗の鍵も、一人の先見力ある時代の流れを先取りできる先駆者達のほうが、多数者の賛成する採決にしばしば勝る事例が数多い事は周知のところである。

今一つの西欧自由主義社会の特色は、「個人」を重視し「個人の自由」と「個人の権利」を最大限尊重するところにある。ギリシャ人は史上始めて人々を服従させるためのものではなく、個人個人の権利と自由を保障する事を目的とする「法」をつくった。ローマ人はこの法をギリシャ人から学び広く国際的に通用するような形に体系化した。個人と自由を基点として社会契約で成り立っているのが国家であり、このギリシャ及びローマの思想を受けて、いわゆる歴史的にはロックやルソーの哲学や「社会契約説」が思想的原点にある。これは、批判を覚悟で批評すれば、「人為国家」であり、人間の知恵に基づく作為の産物であると言わざるを得ない。

この事が当然の帰結として導き出すものは、人間は「善行の自由」よりも「悪行の自由」に走る性をもっており、無責任な自由が際限なく与えられる事となる。そもそもエデンの園で、神の警告を破って禁断の木の実を食べたのは、最初の人間であるアダムとイヴであり、これが人間の自由意志であった点が重要である。人間の原罪の基を作ったのは自由であるとすれば、「自由」には宿命的な堕落への契機がはらまれていると言えよう。社会には様々な自由の乱用、即ちポルノや犯罪を助長させる映画などが溢《あふ》れ、またマスコミも商業主義とセンセーショナリズムの坂道を転げ落ちており、大衆迎合のイエロージャーナリズムに、一部を除いて成り下がっている。この点は、アメリカ社会のみならずアメリカンカルチャーにどっぷり浸《つ》かってしまっている現在の日本も同じである。

我々が提唱する「新しい文明の理念」

このような現代社会の堕落を救い、若者たちを目覚めさせるためには、宗教家や道徳学者が声を嗄《か》らして、いくら「社会全体や国家に貢献する善行をしなさい」「自分本位の自由気ままな悪行は止めなさい」と叫んでも、もはや現代の若者達には通用しない。彼らに対してはその前提として「何ゆえ全体社会に奉仕し貢献する事が善い事なのか？　自分本位の自由気ままな生活行動のほうが善い事であり好ましいと思うが？」と言う彼らの反問に説得力のある回答を用意しなければならない。この回答を現代科学の実証理論に裏打ちされた哲学で答えようと考えているのが我々の「新しい文明の理念」である。この部分は、新しい文明理念の核心部分でもあるので本稿で詳しく述べる予定であるが、結論を先取りして言えば、これに対して、我々が主張している社会・国家観は自然の生命体がもつ摂理に合わせて運営されるべき、あえて言えば「生命体的国家」であるべきと考えている。

　そこで、日本文明であるが、我々は津田左右吉氏のような実証史学に裏打ちされた専門的文明論を展開するつもりはない。我々は日本文明の基層に秘められている「哲学」に焦点を絞る。ところで日本の古代人達は、神は森や山や岩に宿ると見た。「かんながら」と称される神道には、教祖・教義・戒律などはない。古代人達が自然に接し、その中から直接に感じ取ったものだからである。これは普通にはアニミズム（精霊崇拝）と呼ばれ、比較宗教学等の近代の合理的精神からは宗教の原始的形態として、未熟なものとして否定的・懐疑的に取り扱われる事が多いが、我々は逆に肯定的に評価したい。

　弥生時代に入って、日本最初の古代の出来事を記した歴史書として和銅五年（七一二）に編纂《へんさん》された『古事記』は、貴重な「歴史書」であると共に、そこに登場する日本武尊《やまとたけるのみこと》や弟橘姫《おとたちばなひめ》等の人物たちの魅力的な躍動感に溢《あふ》れた人間像が時代背景と共に巧みに描かれた「文学作品」でもあり、また日本文明の原風景と哲学が見てとれる貴重な文化遺産である。少名彦命《すくなひこのみこと》の逸話や、袋背負い心の挿話に秘められている哲学は、自らの働きと犠牲で他人に尽くし他者を救けて、なおかつその事を誇らない心、これは後世の優れた倫理観である「陰徳」に通ずる素晴らしいものである。『万葉集』や『古今和歌集』に見られるような叙情性豊かな詩の数々は、現代の我々の胸を熱くさせるものをもっているが、この事はこれらの歌が創られた弥生時代初期より、はるか以前の縄文期から日本独自の文化が息づいていたと思わざる得ない文化遺産である。平安朝文化の代表である『源氏物語』は現代においても世界一級の文学作品に負けない高い芸術性の香りを放っている。鎌倉武士に愛された禅宗の死生観や足利幕府時代の室町文化の代表である「茶の湯」の研ぎすまされた精神性は、他の国の文明には類がない。江戸文化の数々の華の中でも、写楽の浮世絵は世界の芸術家達に強い影響を与えたとして高い評価を受けている絵画芸術の逸品である。これらの日本文化は、日本人が古代から四季に富む繊細な自然風土の中から育んできた日本独特のものであると言えよう。

日本人は自然の恵みに感謝し、自然を愛し、自然と共存し自然の懐に抱かれるのを好み、四季の虫の鳴き声や小川のせせらぎの音にも感動したのである。中華文明やヒンズー文明にはこのような繊細さは求むべくもない。日本文明は間違っても中国文明の支流・亜流ではないと知るべきである。

西欧キリスト教文明は十九世紀から二十世紀にかけて、世界人類に計り知れない物質的豊かさと生活上の利便さを提供してくれた。また、この文明の申し子とも言えるアメリカンカルチャーは、ひときわ光彩を発揮してパックス・アメリカーナを実現した。しかしながら、二十一世紀初頭の今、この文明にシュペングラーの予言のごとく陰りが見え始めてきている。ここに一つの実話を紹介する。

日本の大企業であるメーカーのかつての企業戦士であったOBが語る。今より二十〜三十年前の出来事であるが、アメリカの代表企業であるゼネラルモーターズ（GM）に、自動車の重要部品であるクランクシャフトの新しい技術を秘めた画期的な新製品を売り込みに行った時の事である。GMはその製品と技術の革新性に驚き注目し、次々とスペックの資料を要求してきた。彼は将来の取引実現を当然の事として期待し、その要求に応じていったのであるが、その時点でGMは密かに自社のグループ内での製作を企図しており、その技術情報をどんどん流し我が物とした上で、最後に冷淡に「購買は一社主義であるから」と断わってきたと言う。この事実から読み取れる事の意味は重要である。これには、あのアメリカ建国の時、初代大統領ジョージ・ワシントンが神に誓った建国の基本精神である因循姑息《いんじゅんこそく》を嫌い、何事にも公明正大に、是は是とし、非は非とする自由闊達な美質はもはや見当たらない。そして、そのGMは今や世界トップの栄光の座から降ろされようとしている。この出来事が我々に語りかけるものは、一つの文明の終りの予兆である。ある文明に普遍的な国家が登場すると、国民は不死の幻影に目をくらまされて自分達の社会は人間社会の最終的な形だと思い込むこととなる。ローマ帝国の人々がそうであったし、その他の栄華を極めそして没落していった多くの文明国家がそうであった。パックス・ブリタニカがそうであり。今また、パックス・アメリカーナがそうであろうとしている。

巨視的視点から大胆不敵に挑戦したい

最後に読者の皆様にご理解いただきたい本稿の著述の基本スタンスについて述べておきたい。我々の上述のような日本文明についての解釈は、一つの仮説に立った解明ではある。がしかしながら、このような人間と自然と神との根源的関わりについての問いかけは、ギリシャの昔から形而上学の課題として研究されたものであると共に、今後は将来にわたって各分野の学者・研究者によって、それぞれ専門的な学問研究がなされねばならないものである。その場合、その研究者達が実証的研究の作業に入る前に、その作業の出発点で定立するであろう研究の目標としてのある仮説が必ず必要である事は知られたところである。我々の論稿は、これらの研究者達に仮説となるヒントを提供したいと願っているものである。科学の論究は多くの実証実験の難作業に入る前に、必ず研究者は一つの仮説を定立して研究に入るわけであるが、もしその定立した仮説の方向が間違っていれば、いくら努力しても良い成果は得られない道理である。従って出発点でどういう仮説を定立するかで、勝負は既に半分以上決まっている道理である。我々は今後登場するであろう若き研究者達に、適切な正しい方向性をもった仮説の定立のために手助けとなるであろうヒントを、少しでも提供できればと願っての事であり、我々の本稿での論説を直ちに真理であると断じようとは思ってもいないことを付言しておきたい。

もう一つの本稿の基本スタンスについてお断わりしておきたい。現代は学問分野がそれぞれ発展した結果、細分化し、専門化している。専門分野外の人間が、他分野の見識を論ずることは、独断と偏見、または素人意見として一笑に付されるか排除される傾向にある。我々は学問のあるべき姿は、今一度二千年以上昔のギリシャ哲学の時代のスタンスに戻るべきであると考えている。当時のギリシャ哲学には、自然学も、政治学も、社会科学も人間学も、宇宙自然の根源を尋ねる形而上学もすべて内包されていた。であるが故にこそ、人間や自然や神の真理に鋭く正しく迫る事ができたのではなかろうか。現代の学問体系のように、あまりにも細分化し専門化して、それぞれの学問領域の中に埋没して専門馬鹿と揶揄《やゆ》される巨視的視点の欠落した人達には、逆に真理は遠くなりにけりと言えるのではなかろうかと我々は思っている。

従って本稿のこの試みは、ある意味で大胆不遜な挑戦であるが、このような巨視的な視点から、学際的・統合的に課題の真相に迫る手法は、各学問分野の専門化が進みすぎた今日、再び求められている道ではなかろうかと我々は考えている。ましてや「人間とは何か」「神とは」といった大きな課題については言うまでもないであろう。世界的なベストセラーとなった『人間この未知なるもの』を書いたアレキシス・カレルは、専門は医者であったが、壮大な巨視的視点で、人間この未知なるものの真相に迫る勇気ある挑戦を試みた偉人であり、その著作の勝れた内実と共に尊敬すべき人物であると高く評価したい。我々も力不足ではあるが、先人達の勝れた諸学問の知見を活用しながらカレルの後に続きたいと願っている。

第1章

西欧キリスト教文明の「明」と「暗」

第1節　ヘレニズムの流れに見る「明」の側面

歴史の解釈には唯一絶対というものはない。我々は西欧キリスト教文明を語るにあたり、この文明のもつ「明」の側面を見た肯定的な賞賛の意見と、「暗」の側面を見た否定的な批判の議論の二つの「文明的視野」から論ずることとしたい。ちなみに文明的な視野から論ずるということは、歴史を五十年～一百年程度のスパンでとらえるのではなく、一千年～二千年の単位でとらえるということである。

現代世界では、西暦の暦が当然のように使用されている。キリストの生誕の前後で、BC（紀元前）とAD（紀元後）に分けられている。この事実は近代ヨーロッパ文明が世界人類に果たした役割の大きさを物語って余すところがない。

西洋文明史を語る時、ギリシャの「知の体系」が、この文明のもつ一つの大きな流れであるところのヘレニズムの源流であることは周知のところである。ギリシャ文化なくして西欧文明はありえなかったとまで言えよう。我々の学んだ初等数学の教科書は、紀元前三世紀頃のギリシャ人ユークリッドが書いたとされる、いわゆる『原論』十三巻に基づいているものであり、この原論は幾何学だけではなく、ギリシャ数学の成果を総括したものである。後に触れる『聖書』と、この『原論』はいわば、西欧文明を支えた二本の柱とも言えよう。ギリシャの数学がなければ、後年の科学（サイエンス）と呼ばれる素晴らしい知的活動も生まれてこなかったと言える。十七世紀になってガリレオやケプラーは、この原論を軸とするギリシャの幾何学を学び、それを駆使して宇宙の大法則を発見したのである。ギリシャ人は人間の考える能力、理解する能力にはある種の根源的な秩序（ロゴス）があることに気づき、多くの万人が受け入れることのできる論理の体系（哲学）や数理の体系（数学）を創った。

人類の思想史という大きな視点からも常に語られるソクラテス、プラトン、アリストテレスの三人の哲学の巨人も、この時期のギリシャの中の一つのポリス（都市国家）であるアテネで活躍した。そして後年、ヘーゲルが「ミネルヴァのフクロウは夕暮れに羽ばたく」と言ったように、三人共アテネが政治的にも経済的にも衰退期にある時、それぞれの生き様と後世に影響を与える思想を残した。

ソクラテスは政局の混乱の中で、人々の逃走の勧めに応じず、従容《しょうよう》として自ら毒杯を仰いだ。大きな衝撃を受けたプラトンは、師ソクラテスの思想を後世に伝えるための著作活動として『パイドン』『国家（ポリテイア）』『饗宴』などの名著を残したのである。このプラトンの『国家（ポリテイア）』の中で、プラトンは多数のコンセンサスの上に成り立つ民主政治（デモクラシー）を衆愚政治の危険をはらむものとして評価せず、哲人による秀でた知性による指導力によって運営される政治形態をベストとした。この政治思想は現代の我々に多くの教訓を与えてくれるものをもっている。

プラトンの国家はアテネが戦った相手国のスパルタの政体を理想化したもので、そこには哲人によって支配される全体主義国家像が描かれているが、哲人は未だ現れず、全体主義国家であったナチスドイツのヒトラーやソ連邦のスターリンも哲人ではなく、逆に恐るべき専制君主であった。デモクラシーを礼賛《らいさん》する人々は、この地上には永遠に哲人等現れるはずもないと断定してはばからず、であるが故にデモクラシーが最高のものであると論ずるが、我々は少し異論のあるところである。後述する「生命体的国家」は、哲人の説く哲理よりはるかに勝れた説得力と合理性をもつ「自然の摂理」という哲理に則《のっと》ったものであり、その哲理を正しく理解した上での国家運営の手法である。この問題についての詳論は後に譲る。

さてギリシャ文明は、その後マケドニアによって東方世界に広がり、ローマによって西方のラテン語地域まで広がってゆく。歴史的にはローマ帝国は軍事的にはギリシャを支配したが、はるかに勝れた文化をもつギリシャが、文化的には逆にローマを支配したと言える。農民の集団であったローマ人は、強力な軍事力で世界を征服してからも田舎者であったが、ローマ人の偉大さは、征服した外国人を軽蔑せず、その有力者に対しては惜しみなくローマの市民権を与え、ローマ市民と全く同等に取り扱った。このことはギリシャのポリス（都市国家）が成しえなかったことである。そして彼らは初めて進んだギリシャ文化に接した時、自分たちが野蛮であることを自覚して、学ぶべきものは何でもどんどん取り入れ吸収した。このあたりは、明治維新の時の日本人に似ていると言えよう。かくしてギリシャ文明の内実はローマによって西欧世界に広がり浸透してゆくこととなる。

ところで、我々は本稿で、西欧史の歴史の流れの事実関係の詳述を試みようとするものではない。それは歴史学のジャンルの方々にお任せする。我々は文明的視点で西欧史を眺めた時、ここでギリシャ文明について強調しておかねばならない大切なポイントが存在する。それは何かといえば、ギリシャの知（ロゴス）の学的体系の核心は、自然学も数学も天文学も政治学もあらゆる分野にわたって研究された体系の中で、まさに人間学こそ中心に位置し、人間の最高の姿を「知を愛する人」(フィロソフィア)として、知「ロゴス」を重視して真理を愛する人間の「自覚」と「個人の尊厳」を説いたものであったといえよう。

このように解説すると、読者にとって、何か抽象的な、どうでもよい哲学論議をしているように受け取られるわけであるが、この思想を自らの死をもって訴えた有名なソクラテスの毒杯を仰いだ事件は、プラトンをはじめ弟子たちに大きな衝撃と影響を与え、さらには後世にも時代の底流に生き続けて、西欧文明にはかり知れない大きな影響を与え続けてきたのである。時代を画する運動として花開いた「ルネッサンス」の原動力となったものであり、この個としての人間の自覚の意識は、後にキリスト教神学がお墨付きを与えた天動説に異論を唱え、身の危険にさらされながらも「……それでも地球は動いている！」と言ったガリレオ・ガリレイたちのその後の自然科学の勃興《ぼっこう》と発達を促す意識の原点となったものである。やがてそれは新しい近代ヨーロッパを形成する基盤となる産業革命の大きな波を起こした起点であるワットの蒸気機関車に代表される科学技術の開花につながっていったのである。この潮流は、近代ヨーロッパ文明のもたらした人類の物質的豊かさと生活上の利便性につながってゆく。この点については詳しくは後述する。

第2節　ヘブライズムの源流=キリスト教

我々は、西欧文明のもう一つの流れであるヘブライズムの源流となったキリスト教について述べることとする。二千年もの間、西欧文明の底流に脈々と生き続け、大きな影響力をもち続け、今なお巨大な力をもっているのがキリスト教である。キリスト教は、それ以前の古代社会には存在しなかった新しい価値観を導入し、その後の人類の生き方に根本的な変化を与えたという意味で、その文明的視点での存在感は絶大である。イエスの教えは全人類に呼びかけるものとしての「普遍性」をもっている。キリスト教は発生的にはユダヤ教から、天地を創造した唯一絶対神の存在という神観=思想を受け継いだ上で、ユダヤ教のもっていた特定の民族特有の習慣とかモーゼの律法の中の「割礼」とか「豚を食べない」等の戒律や掟を排除して、他民族のすべての人々が受け入れやすいものとした。

また、キリスト教は西欧文明の流れのヘレニズム世界の真只中に生まれ育ち、その文化の影響を強く受けた。伝道のためにはヘレニズムの源流であるギリシャ哲学に対抗できるだけの知的体系が必要となり、そこでいわゆる「神学」という信仰に基づく独特の知的活動の分野を築いていったのである。しかしながら、我々はこの神学体系の巨大なジャンルには足を踏み入れない。なぜなら、俗に終わりなく続く不毛の議論のことを「神学論争」と呼ぶように、神学体系は知的枠組みの形は整えてはいるが、本質的には「信仰」という信心・信念が基本にあるものであり、異なった信念に立った者との議論は平行線で噛み合うことなく不毛の議論となるからである。我々は歴史の事実の中にキリスト教の内に秘められたその真実の姿を追うこととする。

さて、二十一世紀の現代社会において、キリスト教団は今や世界規模の巨大宗教団体であり、先年の前ローマ法王の葬儀には、世界から熱烈な善男・善女の信仰者たちが、数百万人もバチカンに集い別れを惜しんだニュースは、未だ我々の記憶に新しいところである。二十一世紀の国際政治社会の覇者《はしゃ》であるアメリカ合衆国の大統領は、そのスピーチにしばしば旧約聖書の言葉を引用する。キリスト教団が世界各国で行っている慈善事業は数知れず膨大なものがあり、その社会福祉や、貧しい人々への医療の提供等、社会への貢献には素晴らしいものがあることは誰しも認めざるを得ない事実である。二千年の歳月をかけて築き上げられたキリスト教団の凄さに、只々圧倒されるばかりである

しかしながら、問題はキリスト教の主張する、このキリスト教にこそ「普遍性」があるという点である。このことは自らの宗教を唯一絶対のものと見なすことであり、異教徒に改宗を迫る強い伝道意欲を生み出すと同時に、当然のこととして他の宗教・信仰はすべて誤りであり、これを征服しようということにつながる。この唯一絶対神という信仰のもつ排他性、非寛容性こそ、後

年の十字軍運動や新大陸発見に伴う南北アメリカへの進出に際して彼らが行った残虐な行為の真因であったといえる。そしてこのキリスト教のもつ排他性は現代社会のコンセンサスであり、基本的人権である「信仰の自由」と明らかに矛盾する。この課題については本稿の後段で、古代からの日本文明のもつ神観・人間観との文明論的比較において、その哲学思想の普遍性に疑義を呈し、批判する論述を行いたいと考えている。

第3節　西欧キリスト教文明の「暗」の側面を探る

さて、このあたりから西欧キリスト教文明の「暗」の側面について、歴史の中にその真実を探ってみる。まず初めに、二十一世紀の現代、今なお抗争・殺戮《さつりく》の耐えない「アラブと西洋」、「イスラム教とキリスト教」の対立の根であり、遠因である、二世紀間にもわたる西洋キリスト教側からは聖戦であった十字軍史を、アラブ側から見たレバノンのジャーナリストのアミン・マアルーフの『アラブが見た十字軍』から引用してみる。

「フランク（当時のアラブ人は金髪の西洋人たちをそう呼んだ）が四十日間の攻撃の果てに聖都エルサレムを奪ったのは、史実の上では、一〇九九年七月十五日のことであった。鎧《よろい》を着た金髪の武者が路上にあふれ、剣を振るって男女、子供の喉をかっ切り、家や寺院（モスク）を荒らしまわった。二日後虐殺が終わった時、城壁内には人影は一人もなく、何千という死体が家の戸口や寺院の周辺にできた血の海の中に投げ出されていた」「マアッラで我等が同志たちは、大人の異教徒を鍋に入れて煮た上に、子供達を串焼きにしてむさぼりくらった。この告白はフランクの年代記作者であるカーン（北フランス）のラウールのもので、マアッラ近郊の住民はこの告白を読むすべもなかろうが、見たり聞いたりしたことを一生忘れることはないであろう。このような惨事の思い出は、この地方の詩人たちや口伝えによって広められた」。また、タルフールと呼ばれるフランクの狂信的な一団は、大声で「サラセン人の肉を喰ってやるぞ」とわめきながら村々を練り歩き夕方には火の周りに集まって獲物をむさぼり食べたのである。フランクの年代記作者アルベールは、彼自身もマアッラの戦いに参加した者として、フランクの残忍さを伝えて比類がない一文を残している。「吾が軍は殺したトルコ人やサラセン人ばかりでなく、犬も食べることははばからなかった」と。この出来事は、その後数世紀にわたって、否、二十一世紀の現代においてもなお消すことのできない恨みとして、西洋人とアラブ人の間に深い溝と対立抗争の火種をつくったのである。

この十字軍史は、西欧キリスト教文明の本質を理解する上で重要な出来事であるので、歴史の事実の中に文明的視点で、そこに隠されている哲学を抉《えぐ》り出してみる。異教徒の攻撃からキリスト教を守る戦いである限り、それはある程度許される聖戦である。聖戦といえばイスラムの「ジハード」がよく知られているが、ジハードは異教徒に対して改宗を求めるものではなかった。これに対してキリスト教の十字軍は異教徒に対して改宗を聖なる行為として求め、キリスト教世界の拡大を図ったという足跡を歴史の事実として残している。後に述べる南アメリカ大陸の征服においてもそうである。

十字軍にはエルサレムの失地回復を目指すものとしての東方への戦いと、同じくイスラムに占領されていたスペインの奪回の戦いがあるが、この二つはいずれも奪われたものを奪い返すという意味があったが、問題であり重要なのは、日本ではほとんど知られていない第三の十字軍としてのデンマーク及びザクセンの地方、北はバルト海から南はマイセンの辺りに至るまで、多数のスラブ人が住んでいた地帯への征圧である。山内進著『北の十字軍』から、この十字軍の行動の軌跡を辿ってみる。第二回十字軍の時に、聖ベルナールによって打ち出された彼らの戦いの本質を象徴する言葉がある。「キリスト教のために殺すか死ぬかすることは、罪ではなく最も名誉あることである。死ぬのはキリストを得ることである。キリストは当然のこととして、かつ喜んで敵を罰するために彼らの死を受け入れた。彼はさらに快く死した騎士の慰めに専心する。私は言いたい。キリストの騎士は恐れることなく殺しさらに安んじて死ぬ。キリストのために殺し、キリストのために死ぬのであれば、ますますよい。キリストの騎士は理由もなく刀を帯びているのではないのである」。

このようにして聖ベルナールは北の異教徒たちに改宗するか、それとも絶滅されるか、二つに一つの選択を突きつけたのである。現在のポーランドからバルト三国に及ぶ一帯に居た異教徒たちは、キリスト教徒が討伐の対象とする正当な根拠をもっていた相手では決してなかった。『北の十字軍』はキリスト教世界の防衛、または失地回復のための軍隊なのではなく、キリスト教世界拡大のための先兵となっていたと言っていいであろう。つまり、キリスト教徒たちのこの戦いは寛容の心からの妥協など全く許されない宗教的信念に基づくものであった。同じ十字軍でも、この北の十字軍は明らかにいかなる意味においても正当化することのできないものである。ここに『リヴォニア年代記』という本に記されている凄まじい歴史の事実を紹介する。

「彼らはこの地方のあらゆる村や場所で家の中に潜む男達、女達、子供達を発見し、朝から夜に至るまで発見された人々を殺し続けた。あまりにも多くの人々を殺し続けたために、彼らの手と脇が疲れて動かなくなるまで殺戮は続いた。全村落が異教徒たちの血に染まった翌日、彼らは帰還した。ありとあらゆる村から戦利品を掻き集め、彼らは多くの荷駄獣や家畜、そしてできるだけ多くの少女を連れ去った」

この事実から我々が読み取れることは、西欧キリスト教文明の根底に、まぎれもなく他者を、神の名において裁き、一方的に死罪に処するという論理が正当化された哲学が横たわっていると言わざるを得ない。このことは宗教のもつ恐るべき魔性であり、このような宗教に基層において支配された文明は悲劇でなくて何であろうか。

キリスト教が自ら普遍的であるためには、異民族や異なる宗教の外部との戦いのみならず、自らの教団内部にも様々な教義が複数あって並立することは許されない。一つの教義が正当とされると、これと対立する教義はすべて異端として退けられねばならないこととなる。キリスト教内部での異端に対する容赦ない弾圧の凄まじい歴史は、中世の「魔女狩り」であまりにも有名である。この暗黒の中世における魔女狩りと称される罪のない婦女子に対する陰惨をきわめた殺戮・弾圧の歴史は、すでに周知の事実であるのでここで詳しくは触れない。ただここで強調しておきたいのは、そのような行為に人々を駆り立てたものは何かということであり、これが重要である。このことこそキリスト教の本質であり、このことが解き明かされなければならない肝心の事柄である。それは先ほど述べてきたキリスト教のもつ唯一絶対神の信仰に基づく排他性、非寛容性のなせるわざであるといわねばならない。このような一つの宗教の基層にある神をどのようなものと見るかという「神観」が、唯一絶対神か、そうでないかは、一般の人々にとっては、抽象的なもので、どうでもよい事柄と思われがちであるが、我々はそのことがいかに重要な意味をもち、人類の歴史を左右するものであるかを、西欧キリスト教文明と日本文明のもつ神観・自然観を比較しながら解明していきたい。日本文明のもつ独特の個性あふれる文明との比較において一層鮮明になるであろう、日本文明の解明は第二章で行う予定である。

さて、時代が下ってルネッサンスと呼ばれる時代は、一面では中世社会が崩れ、道義は乱れ、陰謀や反逆、情欲の横行する混乱と無法の時代であったと共に、人間性や「個の自覚」に目覚めた人々が、好奇心、冒険心を発揮して活動し、創造意欲が大いに発揮され、特に芸術の分野等で、レオナルド・ダヴィンチやミケランジェロ等の芸術史上の巨匠を輩出した活気溢《あふ》れる時代でもあった。

この冒険心や創造意欲の活気溢れる時代の潮流は、北イタリアから始まり、やがてスペインやポルトガルにも波及し、ポルトガル船は荒海で知られるアフリカ西岸を南下し、一四八八年には史上初めて喜望峰に達した。またスペイン王室の援助を受けたコロンブスは一四九二年、アメリカ大陸を発見することとなる。ここにヨーロッパ人による植民地獲得という新しい時代の幕が上がる。コロンブスのアメリカ大陸発見の後、ポルトガルとスペイン両国の争いの中から地球を二分割して征服する計画が持ち上がる。一体何が彼らの海外発展を支援し、他民族の征服や占有の事業を正当化したのであろうか。それはカトリック大本山であるローマ法王（教皇）庁であり、そこから出された教皇大勅書である。異教徒の征伐と改宗に努力する両国国王の事業を支援し、征服、領有、貿易や漁猟《ぎょりょう》の独占を認め、原住民の奴隷を許したのも法王庁であった。

コロンブスの成功は、ポルトガルに比べ著しく立ち遅れていたスペインの海外展開のレベルを一挙に挽回させた。スペイン国王は発見された新大陸の領有の承認をローマ教皇に求めた。これに前後してポルトガル国王は、カナリア諸島を通って東西に線を引き、北をスペイン領、南をポルトガル領とするという、地球南北二分割の提案を行っている。驚くべき征服論議である。しかしスペイン国王はこれを無視してローマに使者を送り、極から極に線を引いて地球を東西に二分割する案を奏上した。かくてローマ教皇アレクサンドル六世の有名な大勅書と称される文書でデマルカシオン（境界画定）がはっきりしたのである。

キリスト教徒である彼らは、勝手にローマ教皇の認可と称して、異国に住む人々も文化も富も領土も海域も全部自分のものだと決め、強引に一方的に侵略していったのである。そしていざ実際に異文化とぶつかると、そう簡単でないことに気がついていたはずである。にもかかわらず、彼ら西欧キリスト教文明の人々は、これらの領土、文化をすべて自分たちのものであるとの考えを決して変えず堂々と征服を遂行していったのである。何が彼らをしてそのようにさせたのであろうか。その根拠と確信は西欧文明の底流にある哲学として彼らの政治・経済の文明の基層に強く深く浸透しているキリスト教の聖書に基づくものであったといえる。それは、旧約聖書に見られるところの人間が神の名において別の地上の人間を支配し奴隷化することが許されるという審判の思想である。

そこで我々はこのヨーロッパ人による南北アメリカ新大陸の征服のプロセスで見せた彼らの実際行動の中から、その核心部分である人間観や神観の思想の是非、真偽を追ってみることとする。

第4節　新大陸の征服に見る西欧キリスト教文明の本質

北アメリカ大陸の発見、獲得はヨーロッパ人にとって大変な僥倖《ぎょうこう》であった。天然資源に富む広大な領土を手に入れた意義ははかり知れないものがあり、その後のヨーロッパ文明の飛躍的発展に大きく貢献した出来事であった。

十七世紀以降のヨーロッパ近代文明は、人類の進歩に決定的に貢献したというのが今の世界の定義になっている。この解釈は我々が主張している西欧文明のもつ「明」の側面を見る見方として正しい見方であるといえる。しかしながら、我々はその発展の基盤となったアメリカ大陸の獲得の過程で彼らヨーロッパ人がいかなる行動様式を取ったかに注目したい。そこにこそヨーロッパ文明のもつ「暗」の側面の本質が隠されているはずである。

ヨーロッパ人による世界支配のための道具は、端的に「鉄砲」と「十字架」といわれているごとく、他者を物理的にねじ伏せる強力な軍事力と他民族・他宗教の人々を異端として征服することを正当化する強烈な信念＝キリスト教的信仰であったといえる。ヨーロッパ人による世界支配が成功し、永くその支配が恒久化できたのは軍事力だけでは果たし得なかったであろう。そのことは、モンゴルの凶暴な軍事力による征服が比較的短期間で崩壊してしまったことから読み取ることができる。

ところで、ヨーロッパ人が十六世紀以降、南北アメリカやアジア諸国において初めて原住民と接触した際に取った行動を見てみよう。一五三二年十一月十六日にペルーのカハマルカで起きた惨劇はその後に続く世界征服のプロトタイプ（原型）である。スペインの征服者であるフランシスコ・ピサロは、約一六〇人のならず者集団を率いて詐術を用いて、インカ帝国皇帝のアタワルパを生け捕りにした後、金銀財宝を助命の身代金としてせしめた上で、約束をあっさり破って処刑してしまったのである。この歴史上有名な出来事は、ヨーロッパ・キリスト教徒が異教徒や他民族の征服を企てる時、実行する行動と論理展開のパターンが象徴的に現れているという点で重要である。カハマルカでは、まずスペイン側の代表であるピサロが友人になりたいと言って友好的に接近した。次に、キリスト教の聖職者であるバルベルデ神父が、インカ帝国側の皇帝に「邪教を捨ててキリスト教に改宗しろ」と迫った。神父が侵略の先兵となっている事実が重要であり、キリスト教の体質を知る上で注目に値する。神父はキリスト教に彼らが改宗しなければならない根拠として、聖書に書かれているからと言って聖書を差し出した。この行為から読み取れるものは、唯一絶対神を信ずるキリスト教徒の傲慢《ごうまん》な思い上がりであろう。この行為は聖書を神の言葉として絶対視するキリスト教固有のものである。一神教においては、唯一絶対神の言葉は、文字通り絶対に正しいものであり、それを疑うことは許されないのである。しかしながら、異教徒はこれに拒絶反応を示すことは、彼らの信仰からして当然のことであり、インカの皇帝が聖書を打ち捨てると、スペイン側の神父は「キリスト教に対する冒瀆《ぼうとく》だ。彼らを皆殺しにせよ」と叫び、隠れていたスペイン兵が突如として鉄砲と槍で襲いかかり、小さい刀しかもっていなかった原住民たち数万人を虐殺し続けたのである。

我々が注意しなければならない点は、ヨーロッパ人がなぜこのような残虐な殺戮と暴行を堂々と行ったのであろうかという疑問である。このような疑問を発することが、文明史的視点で見るということであり、単に歴史の出来事の事実を追うこととは異なり、その底流に潜む哲学・宗教の本質を読み取ることにつながる。この問いに対する答えとして、小室直樹『日本人のための宗教原論』の一部を引用する。

「未開の地に上陸したヨーロッパ人は冒険家も宣教師も、罪もない現地人をバリバリ殺した。殺戮につぐ大殺戮である。なぜそんなことをしたのか、その答えは『旧約聖書』の「ヨシュア記」を読むとわかる。神父も牧師も日本にキリスト教を伝える者たちは、パウロの「ローマ人への手紙」とか「創世記」だとか、日本人のセンスに都合の良い箇所は教えるけれども「ヨシュア記」は教えない。だが、この「ヨシュア記」にこそ、この宗教の秘密は隠されているのだ。神はどう答えたか。「異民族は皆殺しにせよ」とこう言ったのだ。神の命令は絶対である。絶対に正しい。となれば、異民族は皆殺しにしなければならない。殺し残したら、それは神の命令に背いたことになる。それは罪である。このようにして、三十一の王と町々がジェノサイド（集団殺戮）された。異教徒の虐殺につぐ虐殺は神の命令なのであり、神の命令だから虐殺する。日本のクソ真面目な歴史家は、大航海時代の歴史を書く時に「こんな善良な人々が何故こんな恥知らずな殺戮を行って良心が痛まないのか」と妄説を吐く。そんなもの痛むはずがないのである。「敬虔であればあるほど、異教徒は殺さなければならない」

この一文が我々に教えてくれることは、宗教のもつ力の恐ろしさであり、このような宗教の思想に基層をおいて支配された文明のもつ欠陥と限界である。この頃の時代の様相と二十一世紀の現代世界でのキリスト教社会とイスラム教社会との戦いの様相は、奇しくも二重写しとなって我々に迫ってくる。二十一世紀の現代、アメリカは「民主主義」と「自由」を絶対のものとして掲げ、かつて十字軍が聖戦であったごとく、正義のための戦い「聖戦」として、多くのアラブ人を殺戮している。

ここで十六世紀、キリスト教が日本に進出してきた頃の面白い出来事を『長崎市史』の中から拾い出してみる。キリスト教は天文十八年（一五四九年）に耶蘇会の伴天連フランシスコ・ザビエルが鹿児島に渡来してわが国に初めて伝えたが、その翌十九年には長崎の平戸にも輸入せられ、永禄五年（一五六二年）に至っては、大村藩領である横瀬浦にもまたその伝道が開始された。領主大村純忠は自らキリスト教の洗礼を受けて熱心に布教を援助したので、大村領内の伝道活動は旺盛となってゆく。当時キリスト教伝道師とポルトガル商人との間には非常に密接な連絡があって、互いに相助け合ってその勢力は拡大し始めた。大村純忠は横瀬浦を開港すると、その付近二里四方を無税地としてポルトガル人に交付し、宣教師の許可なくしては他の異教徒（寺院や神社の信仰者）が、その地域に入ることを禁じて、伴天連などを盛んに保護育成した。そのような有様であったので、長崎及びその付近においては神仏両道は厳禁せられ、住民は皆、当時のキリシタン宗門に転宗することを強制され、従わない者は領外に退去を命ぜられ、神社・仏閣は布教上の障害になる邪魔なものとして、皆焼き払われた。神宮寺の支院であった薬師堂、毘沙門堂、万福寺、鎮通寺、斎通寺、宗源寺、浄福寺、十善寺なども皆焼き払われる運命に陥ったと伝えられている。かくして、長崎及びその付近の仏寺は全滅し、代わってキリスト教の寺院・会堂・学校・病院などが続々設立されることとなり、キリスト教の布教は旭日昇天の勢い（あさひがのぼるような、さかんな勢い）を示した。長崎は耶蘇会の知行所となり、政治・経済の実権はその手に帰し、南蛮人などは横暴をきわめ、奴隷売買も盛んに行われたと伝えられる。しかしながら、当時日本は戦国の終末期で未だ実力ある主権者不在の状況であったため、いかんともし難かった。しかしながら、天正十五年の五月に豊臣秀吉が遂に九州をも平定し、六月には本営を大宰府に移して九州諸大名の封土を定め、博多にしばらく滞在した。この際、日本耶蘇会の伴天連コエルホは、秀吉に謁してその戦勝を祝し、大いに優遇されたという。

しかるに間もなく秀吉は長崎の実況・実状を知るに及んで激怒し、同年六月十九日、命令を発して二十日間を限りで宣教師など全員に日本国外に退去すべしとの厳命を発したとある。これは遠い国での出来事ではない。日本国での、未だ近い時代の歴史の事実である。この一連の出来事から読み取れるのは、他宗教、他の神を信ずる異教徒、異端を絶対に許さない一神教のもつ傲慢性、非寛容性、排他性であり、西欧文明の政治・経済の中に深く入り込んでその核心をなしているのは、紛れもなくキリスト教だということである。

第5節　宗教改革を分析する

さて、ルネッサンス時代を経て、次の時代の秩序をつくることに活躍したのが、著名な人物でプロテスタントといわれる新しい宗派を創ったルターであり、カルヴァンなどであった。二人は、堕落し道義が乱れ教皇自身内縁関係に生まれた子供を公然と認めてはばからないほどに堕落したキリスト教を立て直すために戦った。すなわち、世に言われる「宗教改革」である。西欧史・キリスト教史を論ずる時、この「宗教改革」という運動はあまりにも有名な出来事であるが、我々文明的視点から文明の底流にある哲学をさぐろうとする者にとっても重要な事件である。彼らの教団への挑戦は教会の分裂をもたらし、ヨーロッパの権力闘争に新たに新旧教徒の対立抗争という紛争の種を加えることになった。宗教的情熱につき動かされての争いは、弾圧、処刑、大量虐殺の連続であり、約一世紀、百年余りの長きにわたって続けられたという事実は驚くべきことであり、恐るべき歴史であるといえよう。一六一八年に始まったこの新旧両派の抗争である、いわゆる三十年戦争によってドイツの人口は、ペストの流行による死亡に劣らない減少をみたと言われている。一三四八年から翌年にかけてのペストの猛威は、イタリア、フランス、イギリスなどで人口の三分の一、あるいは半分近くが失われたと言い伝えられているが、ドイツではこのペストに匹敵する人口の減少をもたらすほどの両宗派によるすさまじい殺し合いが続いた暗黒の歴史の事実に我々は注目したい。問題はこのような恐るべき殺戮の真因は何であったのか。それこそ、善良な信仰に生きる人々をして悪鬼のごとき振る舞いに駆り立たせたものは何であったのかということこそ重要である。その原因を単にヨーロッパ人の好戦的性格として片付けるべきではないであろう。

我々は先述してきたごとく、聖戦の旗印の下に行われたアラブ世界への十字軍による征服・殺戮の歴史を見た。また大航海時代における南北アメリカ大陸の獲得、征服で見せた彼らの一方的、高圧的で傲慢な行為を見てきた。これらの歴史的事実が我々に語りかけるものは何であろうか。我々はそれはこれらの行動の底に秘められているキリスト教の哲学、すなわち自らの宗教が普遍的であり、自分の法が正しく絶対であり、唯一絶対神を信じない相手は異端であり、許すことはできないという排他性、非寛容性の神観のなさしめる業《わざ》であると見る。そしてこの排他性・非寛容性は、二十一世紀の現代にも生きている。最近キリスト教のローマ法王ベネディクト十六世は講演で、イスラム教祖ムハンマドのもたらしたものは混迷と暗愚のみであると発言して、イスラム教徒を激高させ中東和平への道を閉ざす火に油を注いでいる。恐るべきは宗教の内奥に秘められている、そして同時に文明の底流に流れている上述のような人間観、自然観、神観の哲学である。この点については、次章で日本文明と比較することにより、なお鮮明になるであろう。

第6節　西欧文明の「明」の側面——近代ヨーロッパ文明

しかしながら、ヨーロッパによる世界支配を支えたのは、一つはキリスト教であり、その支配をかつてのモンゴルの凶暴な暴力だけでは長続きしなかったものを恒久化させたのもキリスト教であった。今一つは、ヨーロッパ人は富に対する欲望、すなわち物欲を堂々と主張し、それを人間のあるべき姿として定型化した。ヨーロッパ文明の世界支配を支える思想的信念の核心には、飽くことのない物的豊かさの欲望と、個人の自由と個人の尊厳を最良とする哲学があるといえる。

このような人間至上主義はギリシャに発するヘレニズムの内実であるヒューマニズム（人本主義）の流れでもあるが、今一つはヘブライズムの源流であるキリスト教の原典にもある。旧約聖書は語る。「われわれ（神）にかたどり、われわれに似せて人をつくろう。そして人に海の魚、空の鳥、家畜、野のすべての獣、地をはうすべてのものを治めさせよう」と。ここには明らかに人間を特別のものと見る人間至上主義が隠されている。この旧約聖書の思想は、神の言葉を絶対のものとするキリスト教信奉者によって広く深く西欧文明の内奥に浸透していったのである。ヨーロッパの文明はこのような人本主義＝人間至上主義に立って、自らの物欲の求めるままに、自然を征服しあらゆる生き物をつき従えさせ、物質的豊かさを追求して止まなかった。この視点に立って我々は再び、今度は西欧文明の「明」の側面を歴史の流れを追って辿ってみることにする。

近代に入り、「科学」という人間の知的活動の新しい分野が誕生する。この科学の知識は、やがて「技術」と結びついて工業化社会を生み出し、我々人類の生活環境を抜本的に変える力をもつこととなる。西欧史における科学の探求は、まずガリレオ（一五六四〜一六四二）と、ケプラー（一五七一〜一六三〇）によって始まったと言っても過言ではない。そしてさらに、ガリレオやケプラーが発見した法則を数学的に導き出すことができるような一般的な法則を発見したのはニュートン（一六四二〜一七二七）の偉大な功績であったと言えよう。やがてこれらの科学の知識と技術が結びつき、大きないわゆる「産業革命」の波となって工業化社会が発展してゆくこととなる。この産業革命の先兵の役割を果したのが、あまねく知られているワットによる蒸気機関の発明である。蒸気機関の発明は、これまで水車や家畜の力に頼っていた人々に素晴しい画期的な動力を提供してくれることとなった。その結果、英国の織物工業などは飛躍的に伸びて数百倍となり世界の市場を支配することとなる。また、蒸気機関の交通への応用は時代を動かす大きなインパクトを社会に与えた。鉄道は産業の動脈となり、さらには鉄道の建設には鉄が必要であり、鉄道の機関車は石炭を必要とすることで、ここに鉄と石炭の時代が始まることとなる。そして科学の成果が新しい技術を生み出すという科学技術の時代は電磁気学の技術への応用によってますます本格化する。電流と磁気の関係が明らかになったことから、モーターや発電機の基本原理も発見され、電気を動力源とする今日の産業社会の基層が築かれたのであり、西欧文明が現代の人類の生活上の利便さや物質的豊かさに大きく貢献していることは、何人《なんぴと》も認めざるを得ない事実である。また、今日ほとんどすべての人々が日常使用して大変便利で重宝な携帯電話などの通信機器も、その最初の由来は、この時代にイタリアのマルコーニが初めて無線で信号を送ることに成功し、一九〇一年には大西洋を越える通信にも成功し、無線通信時代の幕開けをしたことに始まる。

十九世紀に入って、すべての物質が原子から構成されていて、その原子は元素ごとに異なっているが、一つの元素の中の原子はすべて同じであるという事実が認識され、自然科学の一分野としての化学の時代が始まることになった。この化学の発達は、地下資源である石油から人間生活に必要な衣類の化学繊維や、住宅の家具などに至るあらゆるものを提供してくれることとなった。

人間の知識は、ミクロの世界に踏み入り、二十世紀に入ると原子の構造、原子核の構造へと進んでいき、原子力という巨大な核エネルギー、すなわち新しい「プロメテウスの火」を活用する技術を手に入れることとなる。このような人類の素晴しい物質文明を発展させてきた原動力は、今まで探ってきたように、正に近代西欧文明であったことは紛れもない歴史上の事実であり、その功績は偉大であったと評価したい。

以上、我々は西欧キリスト教文明を「暗」の側面と「明」の側面の二つの視点から文明的視野で歴史上の大きなエポックメーキングの時代に焦点を絞り、そこに隠されている哲学を探ってきた。文明の基層に潜む人間観、神観を抉《えぐ》り出し、西欧キリスト教文明の核心をなす思想を解明してきたわけである。そこから導き出された結論は、要約すれば、一つは西欧文明のバックボーンともいえる基本精神構造には、個人の個性の自覚と個人の自由を尊重し自由闊達な精神活動で、人間生活の物質的豊かさを求めて飽くなき追求を行う強い情熱と意志があり、また勝れた知性が読み取れる。その結果として人類社会に最高の豊かさをもたらす貢献をした。

しかしながら、他の一つの精神構造にはキリスト教のもつ暗の側面の影響が強く出ていると思われる。上述のごとく、西欧キリスト教文明の本質には、鉄砲と十字架との言葉で表されている強い武力とキリスト教に裏打ちされた征服主義の思想が、現代においても隠すべくもなく現れていると思わざるを得ない現実がある。かつての聖戦である十字軍と現在での中東での世界平和のための正義の戦いとの間には、文明論的視点で見る時、太い絆でつながっていると思えてならない。二十一世紀を支配する文明としての限界を我々は感じざるを得ない。

さてところで、日本の現代社会は今やアメリカンカルチャーにどっぷりと浸《ひた》ってしまっている。企業とメディアは自分たちの利益を求めて、この消費者・大衆の物欲を、これでもかこれでもかとテレビなどを使って煽《あお》り続け、その結果、国際政治学者、中西輝政氏の言葉を借りれば、日本人は食っても食ってもなお食い足らずに食い続けたいという餓鬼のごとき日本人になり下がっている。そして精神なき平和至上主義と、物質第一主義、経済至上主義に淫《いん》している。淫するとは度を越してむさぼるように耽溺《たんでき》することである、と言われているがまさに今の日本人にあてはまる言葉ではないだろうか。どこかで日本人は決して失ってはならない物質と精神のバランスを失ってしまったのである。生命体が本来備えている自然の摂理である「自制する心、慎み」をなくしてしまったのである。この生命体に自然のメカニズムとして備わっている自らを抑制する働きについては、多くの現代生命科学者たちの指摘しているところであり、後段で生命体的国家を論ずる時、詳述する予定の重要なポイントである。

二十世紀の代表的な文明史家の一人であるオスバルトシュペングラーは、その著書『西洋の没落』の中で、西欧文明の衰退と没落を半世紀も前に予言しているが、今の世相には彼の予告した亡びにいたる予兆が忍び寄っていると言わざるを得ない。

人類は宇宙の中で唯一類まれな素晴らしい地球という青き惑星を自らの物欲の果てに回復困難にまで壊してしまい、存続の不可能な星にしてしまうだろうか。また自らの知恵によって取り入れた新しいプロメテウスの火である原子の火によって破壊してしまうのだろうか。このような終末への危機が人類に迫っているように見える。

第2章

日本文明の基層に新しい文明の理念を探る

西欧キリスト教文明に代わる哲学を

我々は前章で、二十一世紀の現在、世界を支配している西欧キリスト教文明のもつ明の側面と暗の側面をそれぞれ解明し、その基層に潜む哲学の功罪を論じてきた。そして二十一世紀の人類が抱えている諸々の難題を克服し、世界が救われるためには、現在の主役である西欧キリスト教文明には限界が見え始めており、新しい理念をもった文明の登場が期待されると述べてきた。これに対して、そのような文明が果たしてどこかに存在するのであろうか？ そのようなことを求めること自体が無理であり、非常識であり、不可能であるとの意見がある。ましてやそれを日本文明に求めるなどという主張は、ナンセンスであり、思い上がりである。古代よりユーラシア大陸の東の端の一島国に過ぎない小さな国に、そのような勝れた文明などあるはずもない。それは主張者が日本人であるが故の身びいきの感情的な意見に過ぎない。世界の国々の人々は、皆同じく自らの国の文明こそ最良のものと信じている故に、思い上がりの失礼な意見であり、世界は「調和」すなわち「ハーモニー」こそ大切であって、調和を求めて各国各文明が互いに協議してゆくべきであるなど、様々な批判的意見がある。これらの意見は常識的には一応まことにもっともであると思われる。

しかしながら、我々は常識的な意見とは異なった意見をもっている。それは以下に述べるような主張にまとめることができるであろう。まず、日本も含めて各国の人々が、自国の文明こそ最高のものであり、世界を救うことが可能であると言う時、それは単なる主観論であり、感情的な信じ込みであり、そう信じたいという願望とも意地ともいうべきものであり、一歩譲ってもそれは仮説に過ぎない。その仮説が本当であり、真理となるためには、今や現代人のすべてが信奉する「科学」の手法によって歴史の事実に即して検証されなければならない。日本であれ、韓国であれ、中国であっても、イスラムの場合でも同じである。我々はその論証を自然科学や生命科学の現代の学問的成果を踏まえ、その知識を駆使して、人間と自然の生命体との関わりを日本の縄文期からの歴史の事実の中に探り、解明してゆくことによって、日本文明こそどうやら世界を救うことの可能性を秘めた新しい文明の理念となりうる哲学が秘められている所以《ゆえん》を開示してみたいと考えている。大変困難な挑戦ではあるが、他の国の論者の方々も、自国の文明こそその資格ありと信ずるならば、同じく挑戦していただきたい。そしてまた、調和＝ハーモニーこそ大切なキーワードであると主張される方々は、単に聞こえのよい美しい言葉を並べるだけではなく、その国際間の調和こそ現実には得難いものであり、今、世界はその国際間の調和を求めて悪戦苦闘しているのであって、したがって言葉だけではなく、美しい言葉は詩になっても現実の解決にはつながらないのであり、西欧キリスト教文明に勝る、それに代わることのできる内実と普遍性のある新しい文明の理念＝哲学を提示していただきたい。そしてその上で、いずれの主張が最も説得力をもったものであるかによって、この論争は決着されるべきものであると言えよう。

次に読者の皆様の理解を助けるために、本稿の構成の全体像を、起・承・転・結のカテゴリーに従ってまとめてみると以下のようになる。序章は「起」であり、「承」として第1章及び第2章を論じた。そこでは西欧キリスト教文明の本質と哲学を抉り出し、また日本文明のもつ哲学の独自性を史実を追って論じ、両者の比較によって、それぞれの特色を鮮明にした。次に「転」じて、第3章及び第4章では、日本文明のもつ独自性の正当性を論じた。なぜその独自性が勝れたものであり、正しいと言えるのであるかという疑問符から出発し、生命科学等の現代先端科学の知見を踏まえて、理論的根拠づけを行った。そして「結」として、この理論根拠である「生命のもつ摂理」から導き出した哲学を踏まえ、現下の喫緊《きっきん》の課題である教育の立て直しのために不可欠の新しい道徳理念・新倫理哲学や、政治・経済分野への展開等を考えているが、紙数の関係上本稿では無理であるので、次稿で詳論する予定であり、ご期待いただきたい。そして最後に、現在の難しい国際情勢の中で、日本国はいかに対処し行動してゆくべきか。日本国は、何をもって世界の平和に貢献してゆくべきであるのか。その答えは、本稿で述べる日本文明のもつ哲学を核心に据え、その理念に基づいた戦略・戦術論であるべき所以《ゆえん》を論じて結びとしたい。

第1節　縄文時代こそ日本文明の母なる大地

日本文明の独自性が果たすべき役割

文明論的視点で日本の歴史を見る時、石器時代の縄文時代まで遡《さかのぼ》らなければならない。その縄文時代の上限は、昭和四十年頃までは、五千年前程度と考えられていた。ところが、平成十一年に青森県蟹田町の遺跡で見つかった土器の破片が、一万六千五百年前に作られたものであるという考古学者の発表に人々は驚かされたのである。このような古いはるかな遠き昔には、人間は猿に毛の生えた程度のものであり、人類文化は存在しなかったし、また存在し得るはずもないというのが、在来の日本の考古学界の確固たる定説であった。

しかしながら、我々はここで考古学や人類学の領域にまで踏み込んで論ずる力量も意図もない。ただここで文明史を論ずる者の立場から一言主張しておきたいことがある。それは日本文明の源流を論ずる時、縄文時代の始まりは、今までの学界の定説である五千年ほど前のことではなく、はるかに古い年代であったはずである。最近発掘された群馬県の赤城山麓の環状集落遺跡である下触牛伏遺跡の存在は、すでに三万年もの昔に人々が集団で村落をつくり、チームを組み集団でナウマン象等の狩をしたような文化が存在したことを物語るものである。また近年の調査で平成十二年二月宮崎県塚原遺跡から出土した土器は、今から一万一千五百年前の紀元前九千五百年ほど昔のものでありながら、この土器には赤い弁柄《ベンガラ》の彩色が施されてあった。さらに平成十二年八月北海道南茅部町の縄文時代早期の垣ノ島遺跡からは、赤色漆の櫛、腕輪、数珠状につながった玉飾り等の副葬品が出土している。このことから日本の漆工品の歴史は、今から九千年も昔に遡れるということである。

以上述べてきた最近の発掘の事実から言えることは、在来の学説・定説であったところの五千年ほどの昔は、栗の実等を拾って食べる原始生活であったとの見方を覆し、一万年以上もの昔に、日本にはすでにかなり高度な独自の先進文明が存在したと見なければならないということである。日本の学界には、これまでの古い固定観念に縛られ、かつ西欧人の調査を妄信して、事実を見ようとしない習性があるようであるが困ったものである。

さてここまでは、考古学や人類学を踏まえた上での日本人の始原を探る話であったが、以下少々敢えて脱線して学問的な制約を離れた夢の話を語ってみるのも一興であると思われる。世に『竹内文書』という古代文字で書かれた古文書が伝承されている。この古文書に関しては、色々な批判や噂《うわさ》のあることは承知しているが、その伝承によると、人類は最初、日本から発生し、日本から逆にユーラシア大陸やアリューシャン列島を経由して南北アメリカ大陸等、世界に展開していったのであり、したがって日本国は樹木に例えれば、一番元の始原である根にあたる国であり、世界の他の国々は、いわば枝にあたるものであると語っている。したがって世界最古とされるメソポタミア文明等も、その源流は逆に日本の古代縄文文明にあると述べているが、真偽はさておき、面白い話ではある。

以上の物語は楽しい夢の話ではある。が、しかしながら、考古学の世界は何が飛び出してくるかわからない世界である。今まで誰も夢想だにしていなかったことが起こるのである。この夢物語が夢でなく現実となる可能性は全く無いとは断言できないと我々は考えている。

さてところで、この辺りで再び夢の話から現実の話に戻ることとする。考古学者の中で、勝れた独自の新しい学説を主張しておられる安田喜憲氏の説に耳を傾けたい。その主張の大要は要約すると以下のごとくである。日本の風土は緑豊かな森の国である。森林の文化を砂漠の文化の基準で計ってはならない。それどころか、森林資源を主とするアジア大陸の中で、日本列島は技術革新の最先端を走っていた。森の生態系を核とする生活の下で、少しずつ熟成していった日本人の自然観、あるいは世界観は、その後の時代にも受け継がれてゆき、大陸文化とは全く異質な独自の日本文明を進展させ形成していったのではないかと語っている。我々が日本文明を論ずるにあたって、日本文明は弥生時代以降のいわゆる有史時代二千年余の以前に先立って存在した縄文時代一万年有余年の長大な時間の永い歴史によって動かされているという事実は無視できない重要な点である。歴史はその背後にあって歴史を動かしているものの影であると言われている。我々は弥生時代以降のいわゆる歴史時代の大きなエポックメーキングの時代、例えば飛鳥・奈良朝時代での中国文明への対応、また明治維新での西欧文明への対応等で見せた日本人の外来文化である異文明への対応においての、きわめて懐深く柔軟に、かつ貪婪《どんらん》に吸収し同一化して我が物としながら、自らのアイデンティティーは失わないという日本民族のもつ不可思議な対応力。この民族のもつ民族の魂とも呼ぶべき不思議な何ものかは、実は我々は縄文時代一万年〜三万年もの間の長大な時間の中で、四季に富んだ自然との交わりの中で自然と共生しながら、古代人が自然の摂理の中から直感し、学び取り、熟成してきた日本独自の文明の基層に秘められている哲学であると考えている。

縄文時代は世界史的視野で見ると、メソポタミア文明、エジプト文明、黄河文明の発展した時代であった。したがって、この縄文時代は広い意味で人類史における日本民族の文明の独自性が、これらの他の文明の支流、亜流でないことがはっきりと見てとれる時代であると言える。我々は西欧キリスト教文明の限界と衰退の予兆が見られる現在、日本文明は西欧文明とはその源流を全く異にする、独立して発展してきた文明であったという点こそ重要であり、日本文明の発生上の独自性を認識することこそ、今後の人類史において日本が果たすべき役割も自ずから見えてくると言えよう。

有名な梅棹忠夫氏の『文明の生態史観』は、一九五七年に発表されたものであるが、ユーラシア大陸の東端の日本と西端の西ヨーロッパの歴史発展の相似性を認め、両極を大陸中央の草原地帯に対して、第一地域と位置づけたのは卓見であったが、梅棹は同時に「日本文明はこの地球上において、西洋文明とは全く独立に独自のコースをたどって発展した別種の文明である」と言い切っている。和辻哲郎は『風土論』の中で、日本の四季に富み、海に囲まれ、多くの変化に富む入り江や半島や森が連なる日本列島の独特の自然の風土が、文明形成に与えた大きな影響力について説いているのはよく知られたところであり、鋭い着眼である。

このような海洋的な風土に適応した特徴的な自然と人間の関わり合いのシステムが生まれた時、言い換えれば、海洋的な風土の森の生態系を自らの生活形態に取り入れ、永続的、普遍的な生活様式が確立した時が、日本文明胎動の第一歩である。その時代こそが日本文明の母なる大地であるとも言えよう。この時代に培われた自然と人間との共存の中で熟成された古代人達の自然観・世界観・神観こそが、その後の弥生時代や歴史時代にも脈々と受け継がれ、日本文明進展の根幹をなしたものであり、言い換えれば、歴史を背後から動かした「何ものか」と呼ぶべき哲学であったと言える。であるが故に、我々はここで単に「四季に富む美しい自然風土に影響された結果、日本人の繊細な精神性が形成された云々……」という一般論から一歩踏み込み、古代人達が自然の中に、その鋭い感性で何を感じ取り、何を直感し、どのような人間観・自然観の哲学を素朴さの中で形成していったのかという課題に取り組んでみることとする。

古代から培われてきた自然との共生

我々は本稿を執筆するにあたり、日本の縄文期から存在していたとされる古い古社をフィールドワークした。大和盆地の東端に位置する大神神社（三輪神社）は縄文期からの古社である。今でも正月元旦は大勢の参拝客で賑わう。御神体は「三輪山」であり、社は拝殿しかないことは一般に知られている。いわゆる森や山や岩や古木に神霊が宿ると見た「かんながら」と呼ばれる宗教形態である。ところが面白いことに、この神殿（拝殿）とは別に、少し離れた森の中に、もう一つの社、狭井神社が祀《まつ》られている。関係者によると、一方の社では「火」を祀り、元日には火祭りが行われる。他方の社では山の奥から湧き出る「水」を祀っている。岩清水を柄杓《ひしゃく》で掬《すく》い、冷たい水を飲んだ感触は今も忘れられない……。天皇の時代以降、天皇家の氏神様として天照大神が祀られている伊勢の皇大神宮もその由来は古い。縄文時代の古い昔、伊勢湾等の海で生活していた人々が祀り崇めた古社であった。ここでも一般にはあまり知られていないし、人々も着目しない点であるが、面白いことに内宮（天照大神が祭神）の本殿の隣の少し離れたところに、荒祭宮がある。神宮関係者によると、本殿は「和魂（ニギミタマ）」が祀られており、他方の社には「荒魂（アラミタマ）」が祀られている。また、外宮でも豊受大神の和魂を祀った本殿とは別に荒魂を祀った多賀宮が建てられている。古代人の神観はどうやら独立した二柱の神を見ていたようである。神功皇后の新羅出兵に当たって、『日本書紀』は次のように述べている。

「神の教えがあっていわれるのに、『和魂《にぎみたま》は王の身の命を守り荒魂《あらみたま》は先鋒として軍船を導くだろう』と。神の教えを頂いて皇后は拝礼された。……時がたまたま皇后の臨月になっていた。皇后は石をとって腰にはさみ、お祈りしていわれるのに、『事が終わって還る日に、ここで産まれてほしい』と。その石は今、筑前怡土《いと》郡の道のほとりにある。こうして荒魂を招きよせて軍の先鋒とし、和魂を請じて船のお守りとされた」

ここで我々の注意を引くのは、和魂が皇后の命を守るのに対し、荒魂は先鋒として軍船を導くというように、それぞれ別個に独立して働いているということである。このことは両魂が一つのものの相異なる二つの働きというよりは、それぞれ異なる独立した働きだということを示唆しているように思える。そうだとすると、一つの神の和魂と荒魂とはいうが、その実態は別々の相い異なる和魂と荒魂が先行しその両者が合体して成立したのが一神だということになろう。もしそうだとすると、これはすごいことである。というのは、一個人は父親からの精子と母親からの卵子、これら相い異なる二つのいのちの結合として生まれたことは明らかであり、この人間成立から見取られる秘密を古代人が看取していたことを意味していると思われるからである。

古代人達は荒れた日の、人間の生命も奪う恐ろしい海の自然の中に荒魂の神を見とり、他方、静かに凪《な》いだ穏やかな日の海に、多くの魚や鮑《あわび》や貝等の海の幸をもたらす優しい母なる神の二つの神を見たのではなかろうか。火と水は人間の生活体験の中で最も重要な自然の恵みであり、また不可思議な力を秘めたものでもあった。海の気象は海で生きる人々にとって自然のメカニズムの見せる偉大な力であり、また慈しみの母でもあったはずである。古代人はそこに神を直感したのである。現代の宗教学者はこれをアニミズム（精霊崇拝）として、比較宗教学等では、キリスト教のような超絶一神論の宗教形態に比して程度の低い原始宗教形態と分類しているが、我々は逆に重視し、宗教哲学の視点からすれば、神と人間の関わりのより深い深層を現していると見る。もう一つの人間が生きてゆく基本的な営みの中で最も厳粛にして大きな営みは、男女両性による生殖活動で、その結果として未来へと繋がってゆく子供が生まれるわけである。この子孫繁栄という自然の摂理ともいうべき神秘の働きの根底に、古代人達は二つの神を見たのではないだろうか。

さらに言えば、この人間がもつ生殖という神秘の中に、「相矛盾する〝男〟と〝女〟という二元」が命の根源ではなかろうかということを、古代人達は鋭い感性で直感的に感じ取り、あのようにわざわざ二つの社にお祀りすることになったのではないかと我々は考えている。このことに関わることで、現代生命科学の視点から古代人の凄さを思わざるを得ないのは、分子生物学の解明により、人間の遺伝子構造が明らかにされているが、この遺伝物質であるDNAは、必ずRNAという運ぶ役割の細胞とペアで、二つが一組になって機能する仕組みになっている。またエクソン（遺伝子DNAの中でタンパク質合成にいたる塩基配列）とイントロン（遺伝子DNAの中でタンパク質合成に関与しない塩基配列）との二つも、同じように相異なる二つが一組となってペアで働いている。あるいはDNAの基本構造はなぜか二重螺旋《らせん》構造になっており、それを構成している四つの塩基文字は必ずAとT、CとGが結びついてペアを組んでいる。

このように不思議なことに、遺伝子構造はペアで組成され、ペアで働いている。DNA自身のスイッチにもオンとオフの二つがあって、この二つの働きが一つになって機能している。また分子レベルの働きでなく、人間の普通の生理の働きも、医学の中で先端を走る免疫学によれば、人間の体内の免疫機能というのは、基本的に交感神経と副交感神経という二つの司令塔のペアの働きでコントロールされていると言われている。このような事実が物語るものは、生命あるものの根源は二つの原理によって形成されているという生命の不思議さである。この二元論の哲理は当然のこととして、人間の存在基盤であり、人間の肉体構造だけでなく、精神構造にも及ぶわけであり、人間はロゴス（理性）とパトス（感情）の二元で成り立っていることは、哲学史の教えるところである。知性の所産が学問であり、感性・情緒の所産が芸術であることは説明するまでもないであろう。大切なことは縄文期の古代人達が、自然の営みや、生命あるものの営みの中に、その鋭い直感で、現代の先端科学の学問が解明しつつある真理を感じ取っていたということである。

古代人達は、これらの自然や生命のもつ摂理に素直に感動し、自然を崇《あが》めたのである。現代でも戦前までは、人々はごく普通に朝の太陽に「お天道様」と呼んで手を合わせ、崇め、また食物等も皆、自然の恵みにより与えられたものとして感謝し、粗末にしたり、浪費したりせず〝モッタイナイ〟の精神で大切に扱ったのである。戦後六十年が経過し、消費は美徳であるとか、消費は景気浮揚の不可欠の契機であるとか論じて、アメリカンカルチャーにどっぷり浸っている現代社会には、何かの都合で海外から逆輸入された〝モッタイナイ〟の言葉だけが面白おかしく報道されるだけで、今や古来の伝統精神はカケラもない。

青森県三内丸山の遺跡を訪ねた時、最も印象的だったのは、丘陵地の中央あたりに、ひときわ巨大な柱を使った数百人は入るであろうと思われる、今風に言えば、公民館、コミュニティーセンターのような、復元された建物があるのを見た時である。縄文中期の五〜六千年前の昔、すでに人々が集団で語り合ったり、祭祀《さいし》を行ったりした場所があったということである。

なお、三内丸山の遺跡に関しては、遺跡からタイ、マグロ、ニシン等の外海に出漁しないと獲れない回遊魚の骨が大量に出土している。このことは、彼らが太平洋やオホーツク海等の外洋の荒海に集団で船を漕ぎ出し、組織的なチームとしての行動が取れる能力と文化をすでにしっかりと持ち合わせていたということを物語っている。また学者によれば、その集落は二つのブロックに分かれており、片方のAブロックで冠婚葬祭の行事がある時は他方のBブロックの人々が仕切り、逆の場合はAブロックの人々が仕切ったと思われる形跡が発見されており、学者はこれを「双分原理」と名づけている。ここに見られるのはかなり高度な村社会運営の文明の仕組みである。縄文文化は一万五千年前後の昔に始まり、一万年以上にも亘《わた》って永続的に、この日本列島で営まれた文化である。その永続性を支えたものは、当時の人々が、自然と調和し共存し、森や海や山の時間、さらにはそこに生きる生きもの達の時間に歩調を合わせながら、循環的にたんたんと生きるライフスタイルを取っていたためではなかろうかと言われている。この自然と調和し共存するということは、踏み込んで言えば、他の生きものたち（動物も植物も含めて）への「思いやりの心」である。自己中心主義＝人間中心主義でなく、他者や全体への配慮の心である。「人間（個）は、自然（全体）によって生かされている」とも言うべき思想があったと我々は考える。

以下この点について考古学者安田喜憲氏の卓《すぐ》れた解説があるので引用する。

「縄文人の貝塚遺跡からは、縄文人が食したイノシシや鹿、カモシカ等の哺乳動物の骨がいくつか見つかっているが、幼獣の骨が極めて少ないのである。すべからく縄文人達は、幼獣は翌年のために残しておくという自然保護に近い思想があったと思われる。彼らは春は山菜や貝、夏は魚介類、秋は木の実、冬はイノシシや鹿と、季節に応じた生活を循環的に繰り返し、やみくもにむやみやたらに獣を殺したり、必要以上に自然から食糧を収穫するということを避けていた可能性が高い。豊かな自然に歩調を合わせながら、豊かな生活と高い文化を維持した。それを支えたのは循環の思想である。このような一万年以上にも亘って高い文化と豊かな生活を維持した文化は世界でもまれである」と言っている。安田喜憲氏は、この縄文文化を「自然・人間—循環系」の文化としてとらえ、西欧文化の「自然・人間—搾取系」の文化と対比して語っている。この縄文期の日本人の文化には、物質的豊かさ第一主義、経済至上主義に犯され、豚のごとく食っても食っても食い続け、自然を破壊し続けている近代ヨーロッパ文明にどっぷりと浸った現代人が失ってしまった、生命あるもののもつ「慎み」の文化があると言えよう。

我々が第1章で見てきたごとく、西欧キリスト教文明の世界は、凄まじい殺戮《さつりく》につぐ殺戮の歴史であった。他者を、自然を、異端を徹底的に征服しなければ止まない文明であった。これに対して、こうした日本の縄文人達の自然や他者との共生の思想こそ、今や異文化・異民族・異宗教との共生に行き詰まり、対立抗争と文明の衝突を繰り返している現代文明が着目しなければならない思想ではなかろうか。日本人が現代世界の中で比較的相手の立場に立ってものを考えることのできる民族であるのは、こうした長大な時間をかけた縄文の歴史の中で培われ継承されてきた精神によるものである。個人主義や自己主義が優先する西欧文明が支配する現代にあって、他者を生かし、自分も生かす世界観が完成できる民族は日本人ではなかろうか。しかしながらその日本人は今まで、世界史の中で世界の指導的役割を担った時代はなかったのであるが、今や二十一世紀に入り、世界は国際社会の舞台において各国が自らの利益のみを主張するナショナルインタレスト（国益）のぶつけ合いでは、物事は一歩も前に進まず、世界平和の実現は難しいことを感じ始めている。中東での争乱の克服も軍事による制圧には限界が見え始めている。「力の論理」「征服の論理」を核心にもつ文明にはもはや未来はなく、お互いの破滅だけが待っていると言わざるを得ない。どうやら一万有余年の時間の中で培われてきた自然と共存し調和し、他者を生かし自らも生かされるという哲学を秘めた日本文明の精神・思想が、地球と人類の救済のために役立つ時代がきたと我々は確信している。そこで以下、今後日本文明こそが世界に貢献できる新しい文明の理念＝哲学を提言できうる所以《ゆえん》を述べていきたい。

第2節　古事記の国生み神話の中に男と女の秘儀

神話物語から読み取れる人間観・世界観の哲学

我々は前節で、日本文明の核心である哲学を求めて、弥生時代以前の長大な時間の中で、古代人と自然との関わりの中で醸成された思想を探った。第2節では、それを受けて弥生時代初期に至る時代の中に隠されている文明の哲学を探ってみることにする。そのためには、この時代の伝承が記されている日本最古の歴史書とされている『古事記』及び『日本書紀』の解明は不可欠のものである。なぜなら、記・紀の両書は日本最古の貴重な歴史書であると共に、勝れた文学書であると言われているが、我々はそれ以上に非常に重要な哲学書であると位置づけたい。

『古事記』は、天武天皇（在位六七三〜六八六年）の勅により、「語り部」の稗田阿礼《ひえだのあれ》が誦習していた「帝記」及び先史時代の「旧辞」（縄文時代よりの語り伝え）を、太安万侶《おおのやすまろ》が撰録《せんろく》したものであると言われている。帝記とは天皇家の系図に関するものであり、旧辞は縄文期の古い時代の出来事が言い伝えられてきたものをまとめたものである。古事記は上・中・下の三巻から成っていて、上巻の始めに序が添えてある。上巻には天之御中主（アメノミナカヌシ）の神から鵜葺草葺不合（ウガヤフキアエズ）の神までのことが、中巻には神武天皇から応神天皇までのことが、下巻には仁徳天皇から推古天皇までのことが記されている。

我々が重視するのは上巻である。なぜ重視するかといえば、現実離れした神話の形をとってはいるが、そこに語られているのは雲の上のおとぎ話ではなく、それは紛れもなく現実の日本の一万数千年に及ぶ縄文時代の先史の物語であるからである。この上巻の神話の形をとった神代の物語の中に秘められている哲学こそ重要である。そこには縄文時代の一万年余の時間の流れの中で、古代人達が、自然と共存しながらの生活の中から学び取り、積み重ねてきた経験の集積とも言うべき叡智《えいち》の結晶があったはずであり、それこそが古事記の旧辞の中で伝承されてきた神話、または神代の物語の原型になったものであると言えよう。したがって古事記は、一部の戦後の左翼系学者達が批判するような単なる荒唐無稽《こうとうむけい》な作り話ではないと見るべきである。

さてそこで、次に大切な視点として古事記がなぜ作られたのか、なぜ撰録・編纂《へんさん》されたのかという、成立理由については、様々な観点から色々異論のあるところであるので、我々の考えを述べておく必要があると思われる。

世上言われている説の一つに、天智朝を武力で倒した天武天皇が、自らの政権の正当性と権威づけのために作られたものであり、したがって内容も歴史の事実とはかなり異なる歪められたものであるとの、もっともらしい解説があるが、これらは根拠のない推論であると言わざるを得ない。古事記の序に「……『……帝紀及び本辞、既に正實に違《たが》ひ、多く虚偽を加ふ』といへり。今の時に當たりて、其の失《あやまり》を改めずは、未だ幾年をも経ずしてその旨(むね)滅びなんとす。」と記されている。口伝や暗誦の言い伝えでは誤りが多く、いずれ真実が消えていくと心配している。また日本書紀においては古い神代の記録や物語に限って「一書に曰く」といくつもの注記を並列して、様々な異説をできるだけ多く紹介しようとしているのを見ても、歴史の真実の正しい伝承が、口伝では損なわれるとの危機意識から文書化が試みられたとみるのが、正当な見方であると言えよう。ここは素直に、文字が先達国の中国から入ってきたことに驚き戸惑いながらも、過去の口伝により伝承されてきた歴史を正しく後世に伝えようとの義務感と責任感から、天武天皇が記・紀の編纂を勅《ちょく》したと解釈するのが正しい理解であると思われる。古事記のもつ歴史の真実性について弁護しておきたい。

次にもう一つ記・紀について弁護しておきたい重要なことがある。それは中国の『魏志倭人《ぎしわじん》伝《でん》』等を根拠として古事記・日本書紀の客観性・正当性を疑問視する一部学者達の意見についてである。この問題については、著名な歴史学者である西尾幹二氏の意見に耳を傾けたい。「中国の一見、合理的に見える漢書や魏志倭人伝の記述を根拠として、日本神話の世界を〝作り話〟であるとして歴史的世界から切り離し、神話と歴史を非連続的なものとしてとらえる措置は、今や根拠なきこととして葬り去られなければならない。戦時中の皇国史観への反発と裏返しが、日本人の精神までも失った自虐史観となって、逆に日本の歴史を大きく歪めてしまっている。漢書や魏志倭人伝の一見、合理的に見える記述は歴史であって、古事記や日本書紀の記述は歴史ではなく作り話であると、いとも簡単に決めつけたのが果たして正しかったのか疑問である……結論を言えば、魏志倭人伝は歴史資料に値しない」とはっきり言い切っている。この西尾氏の見解は我々も全面的に賛成したい冷静客観的な意見である。

しかしながら、我々はここで古事記等のもつ限界にも触れておかなければならない。古事記の記述は紀元前六～七世紀頃からのものと考えられているが、その主流は天皇家による神武天皇の東征に始まる日本国の統一の物語である。神武東征は古事記にもしっかり記されており、歴史学者のほとんどが認める実在した史実であると言えるが、問題はその神武天皇たちの、いわゆる天ツ神系の人たちの出自《しゅつじ》がはっきりしていない点である。古事記の中では、神話の形をとって天から天照大神の子孫が「天孫降臨《てんそんこうりん》」したと記されているが、これはいわゆる非現実的な神話のおとぎ話であり、歴史の事実とは言い難く、今一つその出自は明瞭ではない。歴史学者の古代史の世界では、戦後まもなく江上波夫氏が「天皇家騎馬民族説」を唱え、北東アジアから来たったと説いたのは周知のところである。あるいは朝鮮半島の南端にあった任那（ミマナ）という国から移ってきたとか、大分県の日向の高千穂あたりから大和（奈良県）を目指して東征に出立する以前は、薩摩（鹿児島県）の国あたりの最近発掘された七〜八千年昔の縄文人達の子孫ではないかとか、あるいは神武天皇の先祖である天照大神は、富士山周辺に都を構えていたのではないか等々の諸説があるが、いずれも確証はなく真相は藪《やぶ》の中である。しかしながら、我々にとってはその真相がどうであれ、それは重大なことではない。なぜなら、我々はそのような短い視野での歴史上の出来事を追いかけるのが目的ではなく、文明史的視点で数万年の長大な時間の中で営まれてきた文明のもつ核心部分である哲学を探ることが目的であり、したがって歴史上の史実の変遷の真偽は歴史学者にお任せしたい。そしてそのような視点で古事記を読む時、我々の着目するのは、神代の話として一部学者が荒唐無稽の作り話として無視するところの「国生み神話」の物語とか、天皇家による征圧の以前まで、国ツ神系の統治者であった「大国主（オオクニヌシ）命」の国作りの過程での悩み苦しみを経て、心の大悟に至る精神のプロセス、すなわち哲学を語っているとみられる少名毘古那（スクナビコナ）命との「国作り」の物語とか、さらにはそれに深くつながっている大国主命の「国譲り」の物語等である。なぜ我々がそこに着目するのかといえば、その中に縄文時代以来の伝承されてきた日本文明の精神が凝縮され結晶していると考えるからである。大切なことは神話の物語を単純に外面的皮相的にストーリーだけを追い、そのおとぎ話のような非現実性を揚げ足取りするような理解ではなく、そこに象徴的に示唆されている人間観・世界観の哲学を眼光紙背《がんこうしはい》に徹する眼で読み取ることである。

男神と女神の愛のドラマに素晴らしい教訓と哲学

さてそこで、我々は以下これらの物語にいかなる哲学が秘められているのかを探ることとする。古事記には広く知られた逸話として「日本武尊（ヤマトタケル）命」が大和朝廷に従わぬ東国の部族を征討《せいとう》する軍を進めた時、駿河沖で凄まじい暴風雨に遭い、船が正に沈まんとした時、相愛の仲の「弟橘（オトタチバナ）姫」が愛する人のために自ら海神に身を捧げて嵐を鎮めようとして波浪の中に身を投じたと言われる一大ロマンの抒情詩が描かれており、二宮市の海岸にはその姫の袖が流れ着いた場所として袖ケ浦海岸の地名が今も残り語り継がれている悲恋物語は、まさに第一級の文学作品であろう。

これに対して我々は、同じ古事記の中に実は素晴しい哲学が語られていると考えている。そこで我々はまず古事記の原本に則《のっと》り、重要と思われる部分を抜き出してみる。いわゆる国生み神話の部分である。

「ここに天《あま》つ神《かみ》諸《もろもろ》の命《みこと》もちて、伊邪那岐命《いざなぎのみこと》、伊邪那美命《いざなみのみこと》、二柱の神に、『この漂へる國を修《おさ》め理《つく》り固《かた》め成《な》せ。』と詔《の》りて、天《あめ》の沼矛《ぬぼこ》を賜《たま》ひて、言依《ことよ》さしたまひき。故《かれ》、二柱の神、天《あめ》の浮橋《うきはし》に立《た》たして、その沼矛を指《さ》し下《お》ろして畫《か》きたまへば、鹽《しほ》こをろこをろに畫き鳴《な》して引き上げたまふ時、その矛の末《さき》より垂《しただ》り落つる鹽、累《かさ》なり積《つ》もりて島と成りき。これ淤能碁呂島《おのごろじま》なり。」

これに続いて記されている箇所が、この2節で我々が取り上げようとしている非常に奥深い人間の男女の生殖の秘儀に関わる部分である。

「その島に天降《あまくだ》りまして、天《あめ》の御柱《みはしら》を見立《みた》て、八尋殿《やひろどの》を見立てたまひき。ここにその妹《いも》伊邪那美命に問ひたまはく、『汝《な》が身は如何《いかに》か成れる。』ととひたまへば、『吾《あ》が身は、成りて成り合はざる處一處《ところひとところ》あり。』と答へたまひき。ここに伊邪那岐命詔《の》りたまはく、『我が身は、成りて成り餘れる處一處あり。故《かれ》、この吾が身の成り餘れる處をもちて、汝《な》が身の成り合はざる處にさし塞《ふさ》ぎて、國土《くに》を生み成さむと以爲《おも》ふ。生むこと奈何《いかに》。』とのりたまへば、伊邪那美命、『然善《しかよ》けむ。』と答へたまひき。ここに伊邪那岐命詔《の》りたまひしく、『然らば吾《あれ》と汝《いまし》とこの天の御柱を行き廻《めぐ》り逢ひて、みとのまぐはひ爲《せ》む。』とのりたかひき。かく期《ちぎ》りて、すなはち『汝《いまし》は右《みぎ》より廻《めぐ》り逢《あ》へ、我《あれ》は左より廻り逢はむ。』と詔《の》りたまひ、約《ちぎ》り竟《を》へて廻る時、伊邪那美命（女神）、先《さき》に『あなにやし、えおとこを。』と言ひ、後《のち》に伊邪那岐命（男神）、『あなにやし、えをとめを。』と言ひ、各《おのおの》言ひ竟《を》へし後、その妹《いも》に告げたまひしく、『女人《をみな》先《さき》に言へるは良《よ》からず。』とつげたまひき。然れどもくみどに興《おこ》して生める子は、水蛭子《ひるこ》（蛭のような骨無し子）。この子は葦船《あしぶね》に入れて流し去《う》てき。次に淡島を生みき。こも亦、子の例には入れざりき。」

「ここに二柱の神、議《はか》りて云ひけらく、『今吾《あ》が生める子良《よ》からず。なほ天つ神の御所《みもと》に白《まを》すべし。』といひて、すなはち共に参上《まゐのぼ》りて、天つ神の命《みこと》を請《こ》ひき。ここに天つ神の命《みこと》もちて、太占《ふとま》に卜相《うらな》ひて、詔《の》りたまひしく、『女先《おみなさき》に言へるによりて良からず。また還り降りて改め言へ。』とのりたまひき。故《かれ》ここに反《かへ》り降りて、更にその天《あめ》の御柱を先の如く往き廻《めぐ》りき。ここに伊邪那岐命、先に『あなにやし、えをとめを。』と言ひ、後に伊邪那美命、『あなにやし、えおとこを。』と言ひき。かく言ひ竟《を》へて御合《みあひ》して、生める子は……」と、日本の大八島の国々を生んだと語っている。

　この古事記の国生みの神話における男神と女神、すなわち男女の交渉の場面における物語は一体何を語ろうとしているのであろうか。ここに象徴的に語られている男女の性の秘儀における哲学は何であろうかという問いが、我々の関心事である。ある学者は男尊女卑の儒教の影響を受けたものとコメントしている。我々はそんな浅はかなものではなく、性の秘密を察知した古代人の驚くべき叡智を示したものとして高く評価する。

　伊邪那岐命と伊邪那美命が子を生む時、女神から声をかける形をとった時、不具者が生まれた。そこで神に伺いを立てて神の指示を受けて、改めて男神から声をかけてから性の交わりを行って始めて健全な子供が生まれたという物語の意味するものは、人間が生きていく上での最重要な男と女の性に関わる、ある秘密が示唆されていると我々は理解する。男女の性の問題は、一般的には隠蔽《いんぺい》しがちであるが、よくよく考えてみると興味本位のエロチックな話ではなく、人生の最重要な核心部分であると言える。

前節で述べた縄文人達の土器に刻まれている縄紋様は、実は雄と雌の蛇の長時間に亘る絡み合った交合の姿を表現しているものであると考古学者達は言っている。古代人達にとって、男と女が相求め合い性交し、自分達の宝とも言える子供が生まれるという事実は、驚愕《きょうがく》すべき出来事であり、神秘の世界であり、そこにある偉大な生命＝神霊の存在を見たとしても不思議ではないであろう。

さてそこで、古事記のこの物語の解釈であるが、渡辺淳一氏という作家が、鋭い人間観察眼で男女の愛のしがらみを描いて評判であるが、我々も神話が教えようとしている核心部分に迫りたい。端的に言って男と女は、性に基づく肉体構造は全く相反するものに創られている。文字通り成り余れるところをもつ男と成り合わぬところをもつ女であり、骨格その他の構造も基本的に異なる。この点は本稿の後段で詳論するが、精神構造においても、優劣ではなく、相反する対極に位置している。男は総じて理知的であり、女は総じて情操豊かである。もちろん例外もあることは言うまでもない。

さて、性の真実相を求めてここから少し生々しい状況描写に入らざるを得ないのでお許しいただきたい。人間の「性」は、肉体と精神の融合・合一した人間生活の中の最重要な秘儀である。そしてこの男・女（雄・雌）による性の営みは、数千年、数万年、否、数億年の昔から、原始生物・魚類・昆虫等のすべての生命あるものの、生命の継承・進化・永続の為の根源活動である事を知るべきである。この男女の二つの相異なる性の特色を述べると、男性の原点は、一言で表現すれば、何ものにも屈せず突き進む「勢い」である。逆に女性の原点は、春の日のように暖かい、また母なる大地のような、黙って何ものをも受け入れてくれる「慈愛溢れる包容性」であり、一言で表現すれば「にっこり笑顔」に集約することができよう。そこで神話の教えようとするところは、男女の出会いから愛情交換に至るプロセスは、まず男性の側から能動的にアクティブに「あなうるわしい美しい乙女よ！」と声をかける方向でやり直すべきであり、その逆は望ましい形ではなく、蛭子《ひるこ》が生まれたと古事記は語っている。

このことは、男女の本質的にもつ違いにあると言わざるを得ない。女性から積極的・能動的に迫られる場合、なぜか多くの男性はぎょっとして立ちすくみ、鼻白むのであり、なぜか奮い立たないのであり、これは自然の摂理《せつり》であろう。この男と女の違いについて現代生命科学や医学の知見を踏まえて少し考えてみたい。

人間の生体メカニズムとしてよく知られている身体の健康を守るための免疫機構というメカニズムがある。この免疫機構は交感神経と副交感神経によってコントロールされ、白血球の中のリンパ球や顆粒球が外部から細菌などの異物が侵入すると、ただちに猛然と反応し活動して、これらの異物を食い殺したりして体外に排除する働きをする。しかしながら不思議なことに、男女が交接して男性の精子という異物が子宮に入り込み卵子細胞に突入しても、本来個体を守るための生体メカニズムである免疫機構が作動せず、異物である精子を受け入れている。この卵子細胞の行動は不思議であり、女性の包容性の原点とも見られる行動ではある。

他方、男性の精子の側のメカニズムにも我々の視点から注目すべき行動が見て取れる。かつてNHKで放映されたことがあるが、男性の射精により女性の膣《ちつ》の中に放出された数億匹の精子達は、あたかもおたまじゃくしのように尾を振りながら泳いでひたすら子宮に待機している卵子を目指す。この場合、他の多くの精子達に先んじて一番に卵子に到達し受精卵＝1個の人間の誕生となる精子は、数億の中で最も「勢い」があり、最も一筋に寄り道もせず（寄り道をする精子もある）ひたすら卵子を目指した勇者である。この現代科学が教える人間の生体の中で行われ、営まれている自然の摂理と、上述の古事記の神話の示唆する事柄との一致点に、我々は驚きを禁じ得ない。卵子は間違っても能動的に精子を求めて行動することはないのである。男女の愛の交渉の場面でも、女性が能動的なのも時には悪くはないが、本能的には男性が積極的、能動的に女性に働きかけ愛撫し、女性がそれに応えてにっこり喜び身もだえして嬉しさを身体で表現する時、いかなる男性も奮い立ち、勇気凛々《りんりん》として女性を愛することとなる。このあたりのデリケートな描写は、作家の渡辺淳一氏の独壇場であり氏の鋭い観察眼にお任せして、我々は先に進むこととしたいが、ここで誤解のないように少し述べておきたい。男性がアクティブ（能動的）に行動し、女性はそれをパッシブ（受動的）に受け入れるという男女関係の在り様は、儒教等に基づく古い道徳観の上からのものでは全くないということである。池面で泳ぐ鴨の群れたちもオスの鴨がメスを追いかけ回して水しぶきをあげて勢いよく泳ぐ姿はよく見かけるが、その逆はない。鴨の雌は道徳に則ってそうしているのではない。この女性の「慎み」とも言うべき受動性は、生命あるものの自然の摂理である（多くの生物種の中には例外もあるが）。人間においても女性の慎みは、本質的な女の美質であり、美意識であり、魅力である。それが男性を魅惑することを知るべきである。古代人は自然の生命あるものとの共生・共存の中から、この生命の慎みの極意を会得したのであろう。そしてまた、この「慎み」という精神文化こそ、西欧文明には見られない日本人の特色である。上述の神話の物語の教えるところは、このような日本文明の奥に隠されている独特の美意識であり、哲学である。

世間に男女平等論者と称される人達が存在する。彼らがこの一文を読んで、著者は男性であるから、男性優位論に立って書かれていると曲解した批判的意見を宣《のたま》うかもしれないがちょっと待っていただきたい。この後の人間の生体のドラマに注目すべきである。受精卵を抱えた女体は、この後十ヶ月もの長期間、ひたすら自らの体の滋養分を臍《へそ》の緒《お》を通して与え続け、自分の骨のカルシウムを溶かしてでもその成分を胎児に与え続けるのである。誕生後も、子供の苦しみ悲しみは自らの苦しみ悲しみと一つの心で共に涙し、子供の喜びは我が喜びとして一体となって共に喜ぶ母性の情愛の凄さは、とうてい父性の及ぶところではない。男性には逆立ちしても子供は生めず、慈愛に満ちた子育ては女性に及ばない。男女の役割は厳然として、自然の摂理として存することを認めるべきであろう。最近一部の男女平等論者による「ジェンダーフリー」と称する性差をなくす運動が見られるが、実に愚かな、自然の摂理に刃向《はむ》かう馬鹿げた行動であると言わざるを得ない。真冬に真夏の服装で、また真夏に真冬の服装で過ごせというに等しい愚行である。

ところで男女で営む家庭は社会の原単位である。現代の産業戦士達も、縄文期の一万有余年昔の狩の戦士達も、それぞれ集団の中で、企業社会の中で競争し助け合いながら悪戦苦闘して家族の食料を、生活の糧《かて》を得て、疲れた身体を心を癒《いや》すために家庭に戻る。家庭は心身を癒し復活再生する重要な役割をもつ。その主役は、にっこり笑顔で迎えてくれる妻である女性である。また自分達の子孫を育てる上で重要な役割は、男性は昔も今も、子供達や家庭の生活の糧を自らの生命を賭けて稼いでくることであり、それを実行する「勢い」と勇気こそ不可欠である。その努めを果たし得ない男性は、いくら優しくても男としては落第であり、カスであると言わざるを得ない。

女性は先ほども触れたごとく、その慈愛溢れる無私の情愛を子供にそそぐことにより、子供は自分の中に本質的に生まれながらにもってはいるが、未だ目覚めていない「誠の心」や「人間としての真情」に目覚めてゆくのである。母の無私の真情に体験的に触れることで知らず知らず自覚していくのであり、事情あってこの実の両親の愛情に接することなく他人の家に預けられ他人の手で育てられ成人した不幸な子供達の中から、時として冷酷非情な犯罪者が生まれる事実がこのことを物語っている。かつてインドの山中で狼に育てられた少女が発見されたが、不幸にして彼女は四つん這いで歩き遂に人間に戻ることはなかったと言われている。人間にとって、否、生物にとって子育ては畢生《ひっせい》の大事業である。夢々手抜きすべきではないのである。小鳥達が忙しげに木の枝を飛び廻り餌を探しに来るのもほとんど雄雌二羽の番《つがい》である。鮭が安全な大海から熊や人間の待ち受ける危険の多い母なる川に体中傷だらけになりながらも死にもの狂いで帰ってくるのも、子孫を残すためであり、生命あるものの基本的な営みである。古事記の神話の何気ない男神と女神の愛のドラマの物語の中に、以上述べてきたような素晴らしい教訓と哲学が秘められていると我々は考えている。

第3節　国譲り物語の核心にある哲学は「一つの心」

「一つの心」こそ日本人の心の原点

本節では古事記の中で広く知られている大国主命の国譲りの物語について焦点を当てて論ずるわけであるが、我々はその国譲りという大きな一国のエポックメーキングにおいて、大国主命が取った判断と行動に注目したい。統治している国が攻められるという難局に際して、彼はまず自らの名誉を捨て、名を捨て、治めている国の民の幸せを第一に慮《おもんぱか》り、国を譲ったのであると我々は理解する。世界史の他の文明圏にあっては、すべからく徹底抗戦し、住民共々皆殺しになるのが歴史の通例である。このような決断を大国主になさしめた哲学は、そもそもどのようなものであったのかという設問から入りたい。我々はこの哲学を簡潔に表すキーワードとして「一つの心」という言葉で表現したい。そこでこの哲学の理解のためには、同じ古事記の中で、統治者としての大国主命が国作りに汗を流し悩み苦闘しながら、少名毘古那命と共に力を合わせて立派な国に作り上げていくプロセスと共に、その過程の中で大国主命自身の心の求道と大悟に至る精神の成長が描かれて語られている「少名毘古那神と国作り」の物語の理解が不可欠である。

　そこでこの部分の古事記の原文をまず紹介する。

「故《かれ》、大國主神、出雲の御大《みほ》の御前《みさき》に座《ま》す時、波の穂《ほ》より天《あめ》の羅摩舟《かがみぶね》に乗りて、鵝《ひむし》の皮を内剥《うつはぎ》に剥《は》ぎて衣服《きもの》にして、帰《よ》り来《く》る神ありき。ここにその名を問はせども答えへず、また所従《みとも》の諸神《かみたち》に問はせども、皆『知らず。』と白《まを》しき。ここに谷蟆《たにくく》白《まを》しつらく、『こは崩彦《くえびこ》ぞ必ず知りつらむ。』とまをしつれば、すなはち崩彦を召して問はす時に、『こは神産巣日《かみむすひの》神の御子、少名毘古《すくなびこ》那《な》神《の》ぞ。』と答へ白しき。故《かれ》ここに神産巣日の御祖命《みおやの》に白し上げたまへば、答へ告《の》りたまひしく、『こは實《まこと》に我が子ぞ。子の中に、我が手俣《たなまた》より漏《く》きし子ぞ。故《かれ》、汝葦原色許男命《いましあしはらのしこを》と兄弟《あにおと》となりて、その國を作り堅《かた》めよ。』とのりたまひき。故、それより、大穴牟遅《おほなむぢ》と少名毘古那と、二柱の神相並《なら》ばして、この國を作り堅めたまひき。然《さ》て後は、その少名毘古那神は、常世國《とこよの》に渡《わた》りましき。故、その少名毘古那神を顕《あら》はし白せし謂《い》わゆる崩彦は、今者《いま》に山田のそほどといふぞ。この神は、足は行かねども、盡《ことごとに》に天の下の事を知れる神なり。ここに大国主神、愁《うれ》ひて告《の》りたまひしく、『吾獨《あれひより》して何《いか》にかよくこの國を得《え》作らむ。孰《いづ》れの神と吾《あれ》と、能《よ》くこの國を相作らむや。』とのりたまひき。この時に海を光《てら》して依《よ》り来《く》る神ありき。その神の言《の》りたまひしく、『よく我が前を治めば、吾《あれ》能く供與《とも》に相作り成さむ。若《も》し然らずは國成り難《がた》けむ。』とのりたまひき。ここに大國主神白しく、『然らば治め奉る状は奈何にぞ。』とまをしたまへば、『吾をば倭の青垣の東の山の上《へ》に拝《いつ》き奉《まつ》れ。』と答へ言《の》りたまひき。こは御諸《みもろ》山の上《へ》に座《ま》す神なり。」

以上の古事記に記されている国作りの物語の原文から、眼光紙背に徹する眼で、物語の奥底に秘められている哲学を読み取るのが我々のなさねばならない努めであると考えている。この難作業に取り組むにあたり、まず勝れた先人の解釈があるので紹介したい。

大正期の東京大学英文科を卒業後、感ずるところあって、古代史の古事記研究に打ち込み、独自の倫理哲学を古事記の中に読み取った学者として阿部國治氏がいる。日本講演会という出版社の社長である栗山要氏が編集された『少彦名』の中から、その要旨を以下紹介する。大国主命は国作りの過程で、色々と思い煩い悩んでいたある時、海の波の彼方に、小さな小さな舟に乗ってやって来た小さな少名毘古那神と出会うこととなる。この神は親神である神産巣日神の御子であることがわかった。そこで大国主は、少名彦に対して、自分のやっている国作りの上での悩みを打ち明け相談したところ、少名彦は冒頭に「国作りの仕事を固め成功するためには、貴方はまず名を捨てなさい！　葦原色許男神とも八千矛神とも宇都志国玉神等々の多くの人々が貴方に数々の呼び名をつけていますが、一人でそんないかめしい名誉を誇る名前をもち、多くの共を連れて歩き、仕事の功績も自分一人に集め、威張って天下を歩いていては、世の中の真理はわかるものではない。そこで貴方は私の弟分となり、私のお供として一緒に国中を歩きましょう。私の姿形はよく見えないほど小さいし、名もない者ですが、このことが大切なことである。お陰様で私のする仕事は誰も気付かないし、たとえ良い仕事をしても、相手の人達のためになる貢献をしても、相手は感謝のしようもないし、賞賛のしようもありません。ここが大切なところです。自分が求めるもののない無私・無欲の心で相手を喜ばす行為をすることこそ最も肝心なことです。こうして行った仕事は本当に良い実を結ぶことになるのです。」と説いたのである。

大国主は少名彦のこの言葉を素直に受け入れ、喜んで少名彦のお供となります。どうか国作りの指導をお願いしますと答えたところ、少名彦命が言われるには、これまで自分の名も残らず自分の名誉としての功績も残らない仕事の手伝いをしようと言う者は一人もいなかったが……貴方はさすがに兄達の荷物を黙々と一人で背負い歩いた人だけのことはある人生の達人ですねと喜ばれ、こうして二人は国中を廻り数々の仕事を残されたと伝えられている。この業績が真実味をもつのは、現代まで、地方の国々に語り伝えられている播磨国物語とか、何々国物語等の伝承が裏付けているところである。

この古事記の国作り物語の中から見えてくるものは、人間が本当に偉いとはどういうことかということである。それはどんなに他人のため、世の中のため、社会のためになる仕事をしても、そのことによって褒《ほ》めてもらったり名誉を求める心があってはならない。人は世のため、他人のためになる仕事をする時は、なるべく他人にも世間にも知られないように心を配るべきであり、自分から有名になりたがったり、偉い人だと褒められたがったりする人は、本当の偉い立派な人ではないという「陰徳の心」とも呼ぶべき素晴しい倫理哲学が語られている。

このあたりで少々固い難しい話が続いているので現代の実話を語りたい。著者が東京商工会議所の中小企業委員長の職にあった時、ホンダの創業者の本田宗一郎氏とはよく宴席でご一緒した。「自分は自動車をいじるのと芸者遊びが大好きでねー」と周りを冗談で笑わせておられたが、氏亡き後知られたことであるが、彼は密かに経済的に苦しい若者達を助けるための奨学基金を自腹を切って創設され、人知れず支援を続けられていたということである。さすがである。最近の財界人や役人や政治家の中にも、勲章を辞退し名声を捨て身を捨てて社会のため国家のために尽くす、大国主や少名毘古那のような精神をもって活躍する人が現れるのを期待したいが……。

さてところで、この国作り物語の中に語られている哲学こそ、後の国譲りという国家の難局において、自らの地位と名誉を捨て、治めている国の民のことを思い計って、民が幸せになるのであればと、国を天つ神系の統治者に譲られた精神に通ずるものである。古事記の中の国譲り物語の最も大切な核心はここにある。大国主命のこの「国譲り」という大きな歴史上の出来事の底に流れる哲学を、出雲大社の千家管長は「和譲の心」という言葉で表現されているが、我々はこの哲学を「一つの心」という言葉で表現したい。世界史を紐解いてもどこにも、親代々そして自分が営々として築いてきた国を征服者に戦わずして譲った例は見当たらない。誰が自分が守り育ててきた政権や国土や民を話し合いで譲るであろうか。世界の目からは理解しがたいところであるが、日本人は古代においてすでに優れた素晴しい哲学をもっていたと言える。国民のためを想い、民の心と一つになって自らの名誉と地位と権力を譲り捨てたのである。そしてまた、譲られた天ツ神系（天皇側）の側も、勝者として敗者の国ツ神系の人々や大国主の一族を抹殺することなく、素晴しい他に類例を見ない神社を建築し大国主命を祀って報いたのである。当時の出雲大社は、現代になって境内地の遺跡調査によって、杉の巨木三本を組み合わせた直径およそ三メートルの巨大な宇豆柱《うずばしら》が発見され、伝承はあったが学者達も信用していなかった高さ一六丈（約五〇メートル弱）もある「天下無双の大廈《たいか》」と称された天空に聳《そび》える神殿が実在していたことが実証されたのである。現代のような高層ビル建築のない古代において、驚くべきことではある。出雲大社をフィールドワークで訪れた時、遺跡の現場に立って天空五〇メートルの空に見事な神殿と、そこに昇殿する数百段の階段を昇る古代人達の姿を想像して、我々は胸がときめきしばしその場に立ち尽くしたものである。

この精神こそ、我々が「一つの心」と表現する日本人の心の原点である。時代が下り明治維新の国家の難局に際して、時の幕藩体制の統治者達が、江戸庶民の安全と江戸の街並や文化が戦火で消失するのを惜しみ思い計って江戸城を戦わずして無血開城した精神にも通ずるものである。また当時の武士階級が自らの特権的地位と名誉を捨て、国民全体の幸せを想い、先進国の植民地化の悲劇を避け、国家全体の近代化のために役立つのであればと自らを捨てた精神に通ずるものであり、これぞ日本人の縄文期以来受け継がれているアイデンティティーである。

世界史を見れば、第1章の西欧キリスト教文明の歴史で見てきたごとく、ほとんどの場合、攻められる側は徹底抗戦し、攻める側は女・子供に至るまで皆殺しにするのが通例であるのが歴史の教えるところであるが故に、世界の文明史家達が皆一様に、明治維新の無血革命、江戸城の無血開城に不思議を感じ興味を示すのである。またこの精神は日本人の一般国民の中にも脈々と受け継がれているものであり、かの太平洋戦争の激戦の真っ只中で、多くの若者達が自ら発意し志願して特攻機で生還なき攻撃に向かう時、家族始め多くの国民の幸せを願って従容《しょうよう》として自らの生命を捨てる決意を綴った遺書を読む時、誰しも胸打たれ涙する。この精神は一部の戦後の軍国主義反対の平和論者がもっともらしく解説するような、短期間の軍国主義体制の教育等で生まれるものではない、日本国に古代から伝承されている精神のなせる業《わざ》である。

そしてまたこの日本人の精神・アイデンティティーは、戦後焼け跡の中から無一物で立ち上がり、世界を驚かせる奇跡の復興を成し遂げた日本の産業界の企業戦士達の心の中にも受け継がれていたのであり、自らに求めるもの少なくして企業なり国家の発展のために、情熱を燃やして活躍した彼らの心情の奥に潜んでいた哲学は、意識するしないにかかわらず、古代からの日本の文明の核心にあったものである。

縄文時代から受け継がれてきた「一つの心」

ここで日本文明の核心にある哲学と西欧キリスト教文明のもつ本質的な思想との比較を論じてみる。

第1章で見てきたごとく、西欧キリスト教文明のもつ本質的キャラクターは、良し悪しは別として、征服主義があり、かつ戦う相手は徹底的に叩き潰す妥協を許さない峻烈さがある。未だキリスト教の生まれない紀元前の話であるが、ローマ時代の初期、ローマ軍は強敵カルタゴと何度も戦い苦しめられるが、最後はこの戦いに勝利する。その時のローマの対応は、カルタゴを徹底的に殲滅《せんめつ》し、カルタゴ文化の跡形も残らないほどの破壊をつくしたのが歴史の教える事実である。また時代が下り十六世紀に入ってのヨーロッパによる世界征服のプロトタイプである南アメリカ大陸の先住民族であったインカ帝国との戦いにおいて、スペイン侵略軍は徹底的にインカ帝国側の人間を皆殺しにしてインカ帝国そのものを地上から消滅させている非情な行動は、第1章で述べたところである。また第1章で見てきたキリスト教徒達による北の十字軍の残虐さは言語に絶する。中世でのプロテスタントとカソリックの新旧両派の争いで、ドイツでは人口の半分近くが異端として殺され葬りさられたと語り継がれている。

これに対して、日本文明史の教える歴史の事実には、全く対極に位置する物語がある。日本は外国との戦いの歴史は日清・日露戦争と太平洋戦争くらいしかなく、比較は難しい点もあるが、南北朝の戦乱の時代、鎌倉幕府軍を迎え討って、赤坂千早城で戦った南朝側の武将楠木正成は、その知略で寄せ手の軍を破り、建武の中興に貢献したことは知られたところであるが、この時、戦死した敵方の将兵達の霊を慰める塚を「寄せ手塚」として建立しているが、面白いことにその塚（墓）は、味方将兵の戦死者を葬った「味方塚」より立派で大きいのである。この些細な小さな出来事からうかがい知れるものは、そこはかと香ってくるゆかしい日本人の敵への思いやりの心であり、日本精神の「もののあわれを知る心」である。

日露海戦の後、東郷平八郎連合艦隊司令長官は、ロシア艦隊の提督であったロジェストウェンスキーを病院に見舞い、優しく戦傷を労《いたわ》っている。陸戦においても、旅順攻防の激戦で相互に多大の犠牲者を出したが、乃木希典将軍は敵将ステッセルを紳士的な礼をもって遇し、その会見の場で敵将の健闘を賞賛している。国際法に則《のっと》ってやっただけではすまされない情感が溢《あふ》れるエピソードである。

西欧文明史の歴史の事実と比較する時、この出来事は日本人なら何人も共感を禁じ得ないところであろう。この日本人の相手への思いやりの心は、縄文時代以来の長大な時間の中で、自然と共生し、共存しながら、自然の摂理《せつり》の中から学んだ日本人の叡智《えいち》の一つの表現であると我々は見る。

次にこの大国主と少名彦による国作りの物語の中には、今一つの非常に重要な部分があるので、掘り下げてみることにする。先程触れた記・紀研究家の阿部國治氏の『少彦名』（栗山要編集）の中で語られているのは、一言で言えば、大国主命の人間形成に関わる求道から大悟に至る魂の形成史である。少名毘古那命の指導に弟子として従った大国主命に一つの転機が訪れる。それは突然、少名毘古那が常世《とこよ》の国に去り再び戻っては来なかった。一人になった大国主にとってそれから辛い辛い泣き憂いの苦悩の日々が続くこととなった。しかしながら、その苦しみ悩みの中から大国主は一つの悟りに至るわけである。悩みに悩み心の奥を見つめ続けていたある時、彼にハッとひらめいたものがあった。それは以下のようなものであった。〝自分は須佐之男命の子孫であった。その須佐之男命は天照大神の弟神であった〟〝自分は少名彦のように神産巣日神の直接の子供ではないが、その末裔《まつえい》であり血のつながった子孫である。そうであるならば、自分にも少名毘古那神と同じような力が出てくるはずであり、また是非ともそうしなければならぬ〟と気付いた時、大国主の体には力が漲《みなぎ》り、顔は希望に輝き、心は確信に満ち溢れんばかりとなったのである。

するとこの時、海の上を一面に光(てら)し輝かせてこちらに近づいてくる「お光」の神様が見えたのである。古事記の原文では「この時に海を光(てら)して依(よ)り来(く)る神ありき。」とある。そこで大国主はこの神に向かってお姿が確かには分りませんが、貴方様は一体どういう神様であられますかと尋ねると、その「お光」は一段と光り輝いて、実は私は貴方ご自身の幸魂(サチミタマ)と奇魂(クシミタマ)でありますと答えられたのである。このお答えを得られた大国主は、ご自身の身体が光に包まれて手の舞い足の踏むところを知らぬほどの歓喜の嬉しさに満たされたと語られている。

この物語だけでは正に神話の世界のおとぎ話であり、読者にはあたかも禅問答のような話である。そこで我々は、この物語の基層に隠されている哲学は何か、大国主は何事に気づいて何をハッとして悟ったから体中に力がみなぎり、自信に満ち溢れ喜びに満ち満ちたのか、古事記は一体ここで何を訴えようとしているのか、という課題の解を求めて、また読者の理解を助けるために、ここで日本書紀・古事記以外の第三の古代の歴史書と見られる『ホツマツタエ』なる古文書の語るところを紹介したい。日本の古代史の歴史書としては、日本書紀・古事記のような学界からの正式な評価は受けていないが、日本文明のルーツと核心を探るためには、無視して通れない古文書として一般的にはあまり知られていないが、『ホツマツタエ＝秀真伝』なる伝承がある。この古文書については、発見者である松本善之助の弟子である研究者高畠精二氏によれば、原典は「国立公文書館」に蔵されており、宮内庁にも保存されているやに聞く。『ホツマツタエ』は、古代文字で記述されている五七調の叙事詩であり、約一万行、一〇万字を超える壮大な古代の出来事を記した古代ロマンの叙事詩であるが、その語ろうとしている真意は、個々の詩の行間から鋭い目で読みとらねばならないと高畠氏は語る。

以下簡単にその要旨を、研究者である鳥居礼氏著『知られざる古代日本』から読み取り記すこととする。この『ホツマツタエ』の伝承の語るところからは、古事記・日本書紀だけからは読み解くことのできなかった神話物語の謎が解明され、我々の探ろうとしている縄文期の古代（記・紀では神代）の文明に潜む哲学が見えてくるからである。『ホツマツタエ』は古事記・日本書紀よりも五百年余も昔の景行天皇五六年（西暦一二八年）に、大和地方の縄文時代以来の豪族であった大三輪系のオオタタネコによって編纂され、その後、蘇我・物部氏の争乱を逃れて焼失することなく、琵琶湖西岸の地で密かに伝承されてきたとされる。昭和の時代になって、松本善之助氏による発見と研究によって、世に知られることとなったものである。

まずホツマとは何を意味するかと言うと、一つは東海地方から関東地方のあたりの意であり、一つは関西弁での「ホンマ（ほんと）」とつながっており、真実の伝承であるということである。内容的には、記・紀に欠落しているものが豊富に記されており、古事記より、より古い時代の出来事が語られているところに特色があり、興味深いところである。太平洋戦後の左翼系学者達が戦前の右翼の皇国史観への反発と反感から、記・紀の神代の記述を、荒唐無稽なおとぎ話の創作神話と一刀両断して顧みず無視したのは大きな誤りであり、学者にあるまじき非科学的な姿勢であると言わざるを得ないが、日本書紀・古事記の神代編の物語は、確かに天上の雲の上の神々の話として語られ、おとぎ話的神話として誤解されて読み取られる要素をもっているが、『ホツマツタエ』によれば、記・紀では「天孫降臨」として雲の上の天上から地上に降ってきたとされる天照大神の子孫であるニニキネの命（古事記ではニニギの命）は、現実の地上世界のある地域、場所から他の地点に移動したと明らかに分るような記述がなされている。「天《あめ》」は、彼らが住んでいた都や宮殿を表わす言葉であり、「地《つち》」は地方の意味に使われていて理解しやすい記述である。

記・紀で書かれている「天孫降臨」は、従って天空から天降ってきた夢物語の話ではないと理解すべきであろう。さらに言えば、実証史学の立場からは、はるかな遠い縄文時代後期から弥生時代初期の頃の話であり、資料もなく、確かな時代考証は不可能に近いが、我々は『ホツマツタエ』の伝承するところは、古事記等の神話よりははるかに現実性があり、受け入れやすい説得力をもっていると考えている。例えば、天照大神も天上の始祖のごとく記・紀では絶対視して書かれているが、ホツマでは日本国を統治していた天皇家の中の非常に優れたある時期の中興の祖とも言うべき人物であり、健康で大変長生きをした人でもあったと記されている。

そこでこのあたりで、記・紀には書かれていない『ホツマツタヱ』だけが伝える物語を、以下紹介する。それはソサノオの命（古事記では須佐之男の命）の八岐（ヤマタ）の大蛇（オロチ）退治の有名な話に関わる一連の物語であるが、そこからは記・紀の記述からは伝わってこない説得力のある古代精神文明の息吹が我々の胸を打つ。

天照大神の弟であったソサノオの命は直情径行型の男らしい猛々しい性格の持ち主であったが、天照大神の后達の陰謀に乗せられ政権の座を望むに至る。そしてその性格の故に荒れ狂って機織《はたお》りの建物で衣服を織っていたハナエ姫を誤って殺害することとなる。天照大神はこの出来事に大いにお怒りになり、「おまえは心汚く身分不相応に国の主の座を望んだ。この歌の真意を悟って深く反省すべきである」として、民の上に立つ君主の道を示す歌を詠《よ》まれてお与えになったという。その歌とは『ホツマツタヱ』の古文書の原文によれば、「天が下、和して廻る日・月こそ、晴れて明るきタミ（国民）のタラ（両親）なり」と書かれていた。素晴しい哲学がこめられている歌である。この歌の意味するところは、天の下、すなわち国を治める君主というものは、日と月が一体となって空を巡るように、夫婦一体となって心を和し、人々の心を和らげ安心させて統治してこそ、晴れて国民である民達を月・日のように、暖かく照らし恵む民達の両親となることができるのであるぞ。荒々しい猛々しい心だけでは、また独身の身では国を治めることはできないという、まことに含蓄のある哲学を秘めたものであった。だが、短慮なソサノオの命は、それを聞いて益々怒り暴れ出したので、天照大神は岩屋にお隠れになってしまい、国中が闇に包まれることとなってしまう。すなはち、聡明な信服できるリーダーがいなくなり、人々は右往左往することとなった。その結果として、ソサノオは人々からその罪を責められ高位の位置から下民の位に落とされ、流人となって出雲の国に追放されるに至るのである。ソサノオが出雲の国を彷徨《さまよ》っている時、八岐の大蛇が八重谷にいて民を食い殺していた。その大蛇退治を土地の人々から懇願されたソサノオは、姫に扮して八絞りの酒で大蛇をしたたかに酔わせたところを斬り殺し、オロチ（悪行を働く反乱軍）を退治する。しかしこの時代、日本の各地で天照大神の弟であったソサノオの荒ぶれた行いが原因となり呼び水となって動乱・反乱の嵐が巻き起こることとなる。十年余に及ぶ動乱であったと記されている。オロチ達の蜂起であり、現代風に言えば、現政権への反逆、クーデターである。ソサノオの命は、これらの事件を知るに及び、このことを契機として、自分の血の中に流れる荒々しい気性と心の驕りが原因となり引き金となってこれらの動乱を引き起こしたことに気がつかれ、深く反省されることとなり、その想いを歌にこめている。「天元《あも》に降る吾《あ》が蓑笠や血脈《しむ》の実木《みき》、三千日《みちひ》はさまで荒ぶる恐れ」、すなわちこの歌の意味するところは、宮廷人であった私は、荒々しい所業が崇《たた》って、ついに荒金の地（出雲）に降り、最下層の下民となり、蓑笠姿の流浪の身となってしまいました。それもこれもみな、生まれながらの血のなせる荒々しい性格から生じたものでした。自分の乱暴な行いが原因となり呼び水となって三千日にも及ぶハタレ（反乱軍）の動乱まで引き起こしてしまいました。心が荒《すさ》ぶれているということは、何と恐ろしいことでしょう。今になって天照大神の下さった御歌の教えの深い意味が分りました、と心の底から懺悔《ざんげ》し反省されていることが読み取れる歌である。そしてこの後、ソサノオの命は朝廷軍に加わり反乱軍と戦い、奮戦力闘してこれを鎮圧するのである。ソサノオはこの功により位を取り戻し宮殿も建て細矛《さいほこ》国から出雲の国と改名される。そしてクシイナダ姫をめとり、その喜びを歌に託された歌が、有名な「八雲《やくも》立つ、出雲八重垣妻籠めに、八重垣作るその八重垣を」である。すなわち簸川《ひかわ》の上流の八重谷には常に叢雲《むらぐも》が立ち込めてその中には八岐の大蛇が潜んでいます。今私はその大蛇を討ち、イナダ姫をめとりました。また反乱軍討伐の功により、吾が重き罪を許されさらには忠臣の印としての八重垣幡も給《たま》わることができました。天晴れて清浄な地に宮を築き、八重垣を巡らします。この宮に妻イナダ姫を籠《こ》め、お腹の子を大蛇の怨念から守り、私は八重垣の臣となって天照大神を敵よりお守り申し上げます、というものである。

この一連のスサノオの命の物語は、日本書記や古事記での断片的なおとぎ話のような記述からはうかがい知ることのできない真実味がある。この物語に語られている時代は、年代的には古事記では神代の天照大神の時代であるが、現実的にはおそらく弥生時代初期か縄文時代晩期のいずれかであったと思われる。その時代に天照大神の弟の須佐之男の命が出雲の国の創始者となった由来を語った物語であり、その子孫が代々出雲の国の統治者として国を治めてきたその血脈の末裔である一人の君主が大国主命（オオナムチ）であったわけである。だとすると、先述の古事記に記されている大国主の「我には天照大神に連なる血が流れている。故に我にも立派な国作りができるのだ」という自信と気力を漲《みなぎ》らせる契機となった悟りの境地に至る物語とはつながることとなり、スムーズに理解できるわけである。

以下、この『ホツマツタエ』の伝える歌や物語から、我々の理解し読み取るところを述べることとする。まずこの物語の時代背景は、記・紀の神話の中での天上の夢物語ではなく、数万年に及ぶとされる縄文時代のいずれかの時代であることは間違いないところであろう。そしてこの長大な時間の中で古代人たちが自然と共生し、共存しながら、自然の中からその摂理を学び取った叡智が凝縮された形で述べられているものであるとみる。先述の『ホツマツタエ』の古文書に記されている原文の歌から読み取れるのは、自然には天と地があり、天には太陽と月の日・月があり、地上には水と火があり、男女による夫婦があって子孫が続いていくという摂理がある。そして両親の親心というものは、子どもの喜びが吾が喜びであり、子どもの悲しみは吾が悲しみとして共に涙する子どもの心と一つに和している。夫婦の間も相和し、夫婦は一体でありながら男には外で猛獣と戦う荒々しい勇気が求められ、女には和やかな一家の団欒《だんらん》をつくる暖かさ、優しさが求められ、この二つが共に必要であるぞと教えている。国を治める政治においても、ソサノオのような猛々しく荒々しい勇猛心も時には必要であるが、君主たるものは同時に国民の心と一つになって、吾が子を慈しむ両親のごとき慈しみの心が不可欠であることを歌に託して教えている。

この「二つの心」とも呼ぶべき心こそ、日本人の心であり、日本人のアイデンティティーであり、はるか昔の縄文時代から受け継がれてきているものであると言えよう。

第4節　飛鳥・奈良朝時代に見る日本文明の「二元性」

自然の「二元性」を直感していた古代人達

次に、日本が迎えた最初の大きなエポックメーキングの時代である飛鳥朝及び奈良朝時代に触れなければならない。先進文化大国であった当事の秦及び続いて唐の巨大な異文化の波をまともに受けて、ユーラシア大陸からは隔絶されて生きてきた日本人達が驚愕《きょうがく》し、この異文化とどう向き合えばよいのかわからず、たじろぎ苦悩しながらも、これを受け入れ吸収して、わがものとしていった柔軟な日本人の精神構造こそ着目すべき重要な点である。

この時代は中国から先進政治体制である律令国家体制を学び取り創り上げていった時代であるが、注目すべきは、この時代における天皇の政治的性格がどういうものであったかについて述べておきたい。この時代、日本は唐の律令国家体制における門下省・尚書省・中書省を一体化して太政官を新たに設立した。このことの意味するものは、すべての権限を一人の皇帝に集中していた中国とは異なり、日本の天皇の位置は祭祀者であり、現実の政治は太政官が行うとする二元主義の政治形態を取ったのである。この政教分離とも見られる、中国とは異なった制度を独自のものとしていち早く実行していたシステムに、日本の特徴を見るべきであろう。そしてこの祭祀者と太政官の二つに分ける政治体制の原型は、その後の時代の日本の歴史での天皇と鎌倉幕府、続いて天皇と足利幕府、さらには朝廷と徳川幕府の二元体制となって続くのである。

　この祭祀者としての天皇の役割とは、神と向き合い、神を祀り、神と交流する人であり、特別の尊崇《そんすう》を受ける人であったのである。古代の縄文期や弥生時代前半頃までは重要な役割を担っていたのであり、魏志倭人伝にある「卑弥呼」のような存在であったと思われる。中国人は倭国（日本）を一段低い未開の国として見下す立場から「……卑弥呼鬼道を行い衆を惑わす云々」と書いているが、このことの真相は、我々の解釈によれば、卑弥呼はある種の霊能者であり、山や森や海等の自然に宿るとされた神の声を聞くことができた結果、その神の啓示に従い、国を治める上での重要な物事の決定を行ったということであろう。ここで肝心なことは、その指図・決定が誤っており、悪い結果をもたらしたか、あるいは逆にそれが正しい判断であって、良い結果をもたらしたのかということである。この場合、卑弥呼は多くの民衆のリーダーである。リーダーたるもののリーダーとしての値打ちは、昔も今の時代も、先見力があり将来への鋭い洞察力があって、正しく良い結果を大衆や国民にもたらすことのできる裁量の可能な指導者であらねばならない。例えば古代においても、しばしば台風が襲い水害に見舞われたり、長雨や日照続きで農作物の被害等が出たことであろう。その場合このような自然現象の変兆を事前に、鋭いその霊能感覚で了知しうる能力があり、その予感に基づいて予《あらかじ》め水害を未然に防ぐ河川の堤の補強等の予防対策を講ずべしとの裁量・指図によって被害を免れたり、また大難を小難でやり過ごすことができたりしたことが行われたとしたら、そのリーダーは人々から敬われ感謝されるはずである。その裁量・決定の正しさから幸せな結果が生まれたという事実を見た時、人々は昔も今も、時代に関わりなく、その人の指導に従うであろうことは、その逆の場合の、指導者が先見力に欠け、判断誤りをした場合と比べれば明々白々であり、このことは現代の政治・経済の指導者達の場合も全く同じである。天照大神が天岩戸に隠れられると、世の中が真っ暗となり神々(人々)が困惑したという神話の意味するものは、単に昼間も夜のように真っ暗になったというような気象上の事柄ではなく、正しい政治・統治の判断者がいなくなって困り果てたということであろう。卑弥呼が亡くなった後、倭国大乱となったと文書に記されている意味と相通ずる事柄ではなかろうか。要は現代の学者達がしたり顔で「これらの霊能者と呼ばれる人々は心理学上は精神分析すれば云々……」ともっともらしく解説批評しているが、そんなことは心理学界の議論であり、我々の視点からは、ある意味でどうでもよいことである。文明史を考えていく上では肝心なポイントから視点がずれている。要はその指導者としての判断が正しく、先見力あるものであったかどうかということこそが重要である。そして天照大神や卑弥呼に共通するものは、人々が崇《あが》め尊敬し、その指導に従ったという事実である。

天皇の祭祀者として神と向き合い、神と語り、神を祀る地位は、このような縄文の昔の古代からの、自然と共生・共存し、自然の中に神を見て自然を崇め、自然の摂理に合わせて生きる文明の象徴的な存在であると言えよう。この点について歴史学者である西尾幹二氏の見解を引用しておく。

「私は、中国の皇帝制度と異なり、日本の天皇制度が具体的な政治権限からある程度距離を持つという性格、ないしは祭祀的役割を最初の形態においてすでに有していたことは、やがて始まる日本史の権力と権威の分立体制を先取りしていたと解し、むしろ積極性をそこにみる。十二世紀の鎌倉幕府の成立以来、権威の中心としての朝廷と、実際政治の権力の中心としての幕府を共存させる日本型『政教分離』の知恵を早々と展開していたことを、原始的とか文明の未成熟とかいうふうに呼ぶ気にはとてもなれない。これ［この二元主義の機能］は明治維新にも、今次大戦の敗退の際にもうまく機能した世界にも例のないきわめて高度で先見性のある〝文明の知恵〟の遺産であると言っていい」と意義づけているが、この考え方は我々も全く同感であり、勝れた見解であると言えよう。ここに流れている思想は、先述してきた縄文時代以来の自然と神との関わりを尊重する精神であり、中国のような一人の人間である皇帝に絶対権限が集中する文明制度に本能的に何か異質なものを感じ取り、先進的な政治制度である律令体制の長所は大いに大胆に吸収した上で、遣唐使をその後廃止して中国文明から離れて独自の道を選んだ「日本人の心」であり、日本国の古代以来の継承された「文明の精神」である。

ちなみに、朝鮮半島は新羅の時代よりも高麗、高麗の時代よりも李朝と、時代の経過と共に益々中国化に傾斜していって自らのアイデンティティーをなくしてしまったが、日本は菅原道真の遣唐使の時、断固としてこれを廃止して古代からの日本人のアイデンティティーを守ったのである。このあたりの日本民族の柔軟でありながら断固とした側面も併せもつ、不思議な精神構造こそ「日本人の心」であろうと我々は見る。

このような「日本人の心」は、にわかに生まれたものではなく、先述したごとく、縄文時代以来の古社が、古代人の直感で自然の中に相矛盾する二柱の神を見出し祀っている「かんながら」の古い宗教形態にも見て取れるところであるが、この我々の日本文明の基層に潜むと見る哲学と非常に近い考え方として国際政治学者中西輝政氏の独特の面白い日本文明論があるので、以下その主旨を要約して紹介することとする。中西輝政氏は「日本文明の二つの契機」として、日本文明の流れの中に相異なる二つの精神構造が並存していると見る。世の中が平和で満ち足りた縄文的な時代にあっては、日本人は和の文化を重んじ、共生を指向し集団性が高まる。また対決的でない女性的な母系の価値といったものが主流となる。しかし日本文明にはもう一つの要素契機がその基底にあって、それは大半の時期には潜在的次元にあって隠れているが、ある時、すなわち国家や文明の危機といった時点で急速に浮上してきて機能することとなる。いわば「日本文明の懐刀とでも言えるかも知れないものである」と語っている。

さらに「日本文明とは何かの設問を掲げて深く日本の歴史を眺め辿っていくと【縄文的なもの】と【弥生的なもの】の相異なる二つのものが重層的に深く絡み合っていることに気がつく。日本の文明には一万年もの間、じっと同じことをしていられる【縄文的なもの】とわずかな期間に物事を激変させる【弥生的なもの】という大きく異なる二つの本質が交錯している。不思議なことに、古代からの日本の歴史を俯瞰《ふかん》してみると、日本の文明史には、四〇〇年周期の長期波動のようなものがある。現代の二十一世紀から逆進してみよう。まず二十世紀の一〇〇年間は、日本にとって明治維新以来、西欧文明という異文明を吸収し、それに適応するために、正に上り坂の坂道を獅子奮迅の勢いで駆け上るような激動の時代であった。ところが、二十世紀から四〇〇年前の十六世紀の激動の時代であった戦国時代までは、穏やかな江戸時代二〇〇年を含めて平穏な四〇〇年であった。さらに四〇〇年前の十二世紀は源平合戦から鎌倉幕府が誕生し王朝貴族体制から武士に権力が移行し、社会・政治構造も大きなパラダイムの転換が見られた。それ以前の平安朝の時代は、紫式部の源氏物語等に見られる王朝文化の花開いた平和な四〇〇年であったが、さらに四〇〇年昔の八世紀は、先進文化大国であった中国の律令制度や仏教等、異文化を大胆に導入し、平城京遷都、平安京遷都を行う等、大変革の激動の一〇〇年余であった。さらにその前の三〜四世紀には、神武東征があり、それ以前の統治者であった大国主が国を譲り、大和朝廷が成立するという大きな変革期であったと言える」と。このように歴史を数百年、数千年のスパンで、文明史的に大きくとらえていくと、そこに見えてくるものは、表面的には無変動に見えた平穏な縄文文明の基底に、このような秘めたるダイナミズムが、「文明的地下水脈」があったのではないかと中西輝政氏は述べているが、これは卓見であり、我々が日本文明の核心に見る二元主義哲学と非常に近い日本文明の解釈であると言えよう。

ここから言えるきわめて重要なことは、日本の文明史は、相異なる二つの契機・原理が、相補完し合って、二つが一つになって見事に機能し、素晴らしい国を創ってきたということである。このような日本文明の基層にあるメカニズムこそ、日本文明のもつ哲学と言えるものであり、古代から脈々として受け継いでいる日本人のアイデンティティーであると言えよう。「日本人のアイデンティティー」という言葉はよく使われるが、このような内実の哲学まで踏み込んで解説する人は、我々は寡聞《かぶん》にして知らない。そして逆に否定的、批判的意見として、日本人は曖昧《あいまい》であり、どうもよく分らない得体の知れない民族としてとらえられている場合が多いと思われる。

前述した日本の縄文期からあるとされている古社である大和の大神神社（三輪神社）や伊勢神宮、信州の諏訪神社等で、火と水の二神や、荒魂《あらみたま》と和魂《にぎみたま》の二神を別々の社で祀っている事実から言えることは、古代人達はどうやらその鋭い感性で、自然と関わり自然と共生する中で、自然のもつ生命のメカニズムには相異なる二つの原理・契機が存在することを直感していたのであろうと我々は理解している。我々はこのような古代人達の自然現象の奥に隠されている二元のメカニズムを感知し読み取った知恵に大きな驚きと凄さを感じざるを得ない。自然界も人間社会も、人間そのものの生死も、皆この相異なる二つの契機・原理が相互に補完し合い、二つが一つの働きとして機能する時、諸々の現象が生まれ生成し、具現するという哲理こそ、自然の摂理であり生命の摂理である。植物や昆虫等の下等生物から高等生物に至るまでのほとんどすべての生物は、雄と雌、男性と女性の二つの相異なる生命から生まれる。自然界の気象の目まぐるしい変化は、高気圧と低気圧、熱気と冷気、寒と暖の二つの契機が絡み合って生成する。最近問題になっているところの人間社会が排出する二酸化炭素の温室効果により、北極の氷が急激に溶け始めているという。その結果は、海洋学者や気象学者の説によれば、地球の上の海流・潮流・季節風・台風等も、この寒と暖、冷と熱の二つの極のバランスによって生じているものである故、それが狂うとすべての気象現象に狂いが生じ、自然の生態系が崩れ、人類の生存に大きな危機をもたらすに至ると言われている。山野に降った雨は清流となり、地下水となり、大河となって大地を潤す。豊かな自然の山河に流れる水は、あらゆる地上の植物・動物の不可欠の糧である。水が涸《か》れる時、すべての植物は枯れ、大地は砂漠化する。しかしながら同時に、暖かな太陽の光は光合成を行って生きている植物にとって、これまた不可欠の条件であり、太陽の光と暖かさは地球上の全生物の生存にとって絶対の必要条件であり、それがなくなった時、万物は死滅する。この自然の哲理については、次章でさらに地球物理学や宇宙物理学の知見等を踏まえて論ずる予定である。

我々はこのような自然の哲理をすでに述べてきたごとく、縄文時代の古代人達が直感によって知っていたことに驚かざるを得ない。彼らは自然と関わり、自然と共存し共生してきた数万年の時間の中からその知恵を学び取ったものと思われる。このような哲理を文明の核心にもつ日本文明こそ類まれな素晴しい普遍性をもった文明と呼ぶにふさわしいと我々は考える。

ところが、戦後の日本人論・日本文明論の主流は、ルース・ベネディクト（一八八七〜一九四八）の『菊と刀』で語られている解釈であり、多くの日本人に強いショックと世界の人々の日本文明理解の上に大きな思想的影響を与えたものであるが、我々はこの論文には以上の理由により、大いに異論があるところである。まず第一に、この『菊と刀』はアメリカ情報機関の対日戦争・占領政策の一環であり、かつ許し難きは、西洋文明こそ普遍性を備えた先進的な高い文明であるとの大前提に立って、日本文明と日本人を偏見で眺め、「普遍性のない特殊な国」「文明度の低い低次元の文明」と位置づけていることである。そしてその故に日本及び日本人は改革されなければならないとした点である。二十一世紀に入り、今にわかに世界は日本文明の存在と役割に注目し出したようである。このベネディクトによる日本文明及び日本人論への反論は、各章で詳論していくつもりであり、本稿全体を貫く我々の主張である。

世界平和実現のカギは日本文明にある

ここで日本の歴史を文明史的視点から眺める時、六世紀半ばの欽明天皇の時代に百済から日本に公伝し渡来して日本文明に大きな影響を与えた「仏教」について触れなければならない。仏教という宗教は、有名な聖徳太子と豪族の蘇我氏によって積極的に取り入れられて飛鳥寺を始め法隆寺等が建立され民衆に広まることとなる。奈良朝時代には、朝廷の支援により、東大寺始め興福寺、唐招提寺等、いわゆる奈良仏教と呼ばれる全盛期に建立された寺院が、現代の今に残り、文化遺産として当時の余韻を伝えている。

そこで以下仏教について簡潔にではあるがその内容である教義＝思想について述べておきた

い。始祖釈尊は、現在のインド東北部に隣接するネパール国の西南部にある小さな国の王子として、紀元前四六三年～三八三年頃生まれたとされている。仏教は釈尊が自分自身の心（知性の働き）に目覚めることにおいて成立した「自覚の宗教」であると言えよう。宇宙や人間を創造したとされる天上の唯一絶対神を信仰するキリスト教やユダヤ教とは、そもそも根本的に異なるものであることを知らなければならない。であるが故に仏教は、しばしば「無神論」であると断ずる学者もいるほどである。キリスト教では「神は愛である」とか、「隣人への愛」の重要性を説いており、キリスト教は愛こそが人生にとっての不可欠の営みであり、「愛」がキリスト教教義の中の重要なキーワードであることは知られたところである。これに対して、初期仏教（釈尊の説いた教え）の思想・考え方は、これと全く対称的であって面白くかつ文明史的に非常に興味深いところである。この本来の純粋な仏教のもつ思想について少し論じてみる。著名な仏教学者の中村元氏訳の『ブッダの真理の言葉』によると、「愛する人と会うな。……それ故に愛する人をつくるな。愛する人を失うのはわざわいである。愛する人も憎む人もいない人々には、わずらいの絆が存在しない。……愛情から憂いが生じ、愛情から恐れが生ずる。……欲情から憂いが生じ、欲情から恐れが生じる。欲情を離れたならば、憂いは存しない。どうして恐れることがあろうか」。このような釈尊自身が説いたとされる『法句経』からわかることは、釈尊はキリスト教とは全く逆に「愛」こそ憂いや恐れや悩みの生ずる原因であり、元凶であるとして人間のもつ愛情を嫌い斥《しりぞ》けたのである。このことは専門家を除いて一般大衆にはあまり知られていないが、仏教なる宗教の真骨頂を知る上で非常に重要な点である。以下、この「智慧の自覚」ということに関して、仏教学者小島誠一氏の勝れた解説があるので紹介する。

『釈尊は、「スッタニパータ」という古い経典の中で「……どのように生きるのが最上であると言うのか。この世で信仰が人間の最上の富である。人は智慧によって生きるのが最高の生活である」と説いている。その教説を要約すると釈尊の悟りは「智慧の自覚」にあったと言えよう。正しい智慧＝知性こそ人生にとって最も重要で大切なものとしたのである。透徹した鋭い知性によってこの世の中の出来事は、すべて原因・結果の因果法則が自然の摂理として支配しており、善い行為はやがてその結果として楽と幸せをもたらし、悪い行為は後で苦しみの結果をもたらすという「善因楽果・悪因苦果」の因果法則こそ人生の避けることのできない鉄則であり、冷厳な哲理であると認識したのであり、正に「自業自得」の法則こそ仏教が教える哲学であると言える。

そもそも、日本人に親しまれている「ほとけ様」を表すBuddha（サンスクリット語）仏陀（中国語）という語の意味するところは「目覚めた人」という意味である。釈尊は修行の末に、目覚めた人（仏陀）になられたということである。そして何に目覚めたのかといえば、「無上正等覚」、「無上正遍智」等の漢字の訳語があてられているが、要するにこの上なく正しい完全な智に目覚めたわけであり、悟りを開いた釈尊のことを「全知者」とも尊称している。釈尊は最初、この世は生・老・病・死という避けることのできない四つの苦しみがあり、世の中の出来事はすべて移り変わり流れ行く、いわゆる無常なるものであると見た。しかしながら、そのようなはかない無常なる人生の中に無常ではなく「常なるもの」、「変わらなく生き続けるもの」はないのかとの求道の心で修行され、遂に悟得した境地を〝我不死を証得せり〟と喝破された。肉体は消滅するとも「死なない己自身のあること」を自覚されたのであり、その自覚の智慧を「無上正等智」というのである。』

釈尊の悟りの解説はこのくらいにして先に進むこととする。要するに、釈尊の説いた仏教という思想の本質は、キリスト教の思想の本質が「愛」にあるのに対比して、「正しい本当の智慧」とは何かを説いたのである。

人類の文明史の視点から考える時、紀元前のこの時代に相前後して、ユーラシア大陸の西と東で興ったこの二大宗教の思想的対極性に、我々は驚きを禁じ得ない。これに対して釈尊の滅後、すなわち紀元前後頃に興ったいわゆる大乗仏教（北伝仏教）で説く「阿弥陀仏」の教えは、一言で評すれば、この初期の仏教の教えの核心である「善因楽果・悪因苦果」の因果応報の哲理を乗り越える、ある意味で全く異質の教えであったのである。仏教の経典のほとんどは建前としては釈尊が在世中に説かれたものとされているが、西暦紀元前後に興ったこの大乗仏教（北伝仏教）の説く阿弥陀仏は、信仰上はともかくとして、学問的には、当事大乗仏教という新しい仏教の改革運動を起こした勝れた学僧達（龍樹等）によって一つの理想的仏陀として創作されたものであるとの見方が定説であり正しいであろう。この阿弥陀仏という理想の仏様は、始祖釈尊の説く冷厳な因果法則である自業自得のしがらみから逃れられず苦しむ人々に対して、ただひたすら一心不乱に阿弥陀様を念じ祈り、「南無阿弥陀仏（ナムアミダブツ）」と唱えるならば、皆、等しく、悪行の結果として地獄に落ちることなく、極楽浄土に往生できることを保証してくれる広大無辺な慈愛に満ちた仏様であり、あたかも母親のような「大慈悲心」をもった仏様であった。この仏は正にキリスト教の「愛の神」にも通ずる「恩寵の仏」と呼ばれてもいる仏である。

このような仏教史における思想の変遷は、歴史家の指摘するように、当時のアレキサンダー大王の東征等を契機として、西欧キリスト教文明の影響が色濃く出ているとの説は否定できないところであろう。そして我々が大乗仏教（北伝仏教）の阿弥陀様の教えを少し詳しく踏み込んで解説した所以《ゆえん》は、後年、日本での鎌倉時代に親鸞等によって広められた、当時の庶民・一般大衆に精神文化として大きな影響を与えたところの浄土真宗の源泉を探りたかったからである。庶民にとっては、ただ「ナムアミダブツ」と唱え念ずるだけで救われるという思想は、まことに受け入れやすい魅力ある宗教であったはずである。

他方、同じ鎌倉時代に当時の知識階級であった鎌倉武士達の間では、座禅を組み瞑想し、自らの心の奥を究めていく修行を求めた臨済宗等の禅宗が広まった。今日、鎌倉市に残る名刹《めいさつ》である建長寺や延暦寺等は皆禅宗のお寺である。自らの生命を賭けた戦場に赴く武士達にとって、「生きることとは？」「死ぬこととは？」といった死生観は大きな関心事であったはずであり、釈尊の説いた死生観は彼らにとって卓越した魅力あるものであったのである。

仏教のわが国における弘布進展の源流は、空海（弘法大師）によって開かれた高野山の真言宗と、最澄（伝教大師）によって開山された比叡山の天台宗の二つであると言われている。今日の仏教の多くの諸宗派は、奈良仏教は別として、すべてこの源流から発しているものであるが、我々はここでこれらの宗派の教義の解説は本稿の主旨でなく、また紙数もないので踏み込まないこととする。ただここで、文明論の立場から注目すべき事柄があるので、以下少し触れておきたい。

著者がかつてインドネシアのジャカルタを訪れ、ホテルに泊まった夜の出来事である。夜中にワーワーという大勢の人達の声が聞こえてくるので不審に思い覗《のぞ》いてみると、それはイスラム教の信者達のお祈りの声であった。彼の地は、昔は仏教が発祥したインドに近く、仏教は最初南伝仏教（小乗仏教）としてタイ等は現在もそうであるが、仏教国であったはずである。しかしながら、ある時代からイスラム教が入ってきて大きくイスラム教国に変わったものと思われる。現在インドネシアには仏教の姿は全く見られない。

ところが面白いことに、日本では全国の津々浦々の小さな寒村にも、皆必ず鎮守の森の神社があり、氏神様が祀られ、今でも年毎に秋祭りや春祭り等が行われているが、同時にまた全国のどんな小さな村にも、必ず仏教のお寺があるのである。そして死者を弔う時はお寺が中心となって行われるのが日本の土着の民族風習として深く根づいていることは、柳田国男民俗学者等の教えるところである。神道と仏教という大きな相異なる宗教の思想の流れを柔軟に懐深く受け入れ消化して、自らの文化として生活の中に生かしている日本人の不思議なキャラクターは一体何であろうか。日本ではこのように一つの宗教が他の異質な宗教を習合するシンクレティズム（重層信仰）が宗教史の基本的流れであったと、学者は述べている。欧米文明が唯一絶対神を信ずる一神教の思想に基づき、他宗教に対して排他的であり非寛容であり、また自然に対しても自然と対決しこれを征圧克服して人間に従わせようとするのに対して、日本文明は自然の万物に生命と神を見出し、自然と調和し「共生」し、人々が「助け合って」暮らすくらしの中で、縄文文明以来、数万年数千年の時間をかけてその信仰心＝宗教心を育んできたのである。日本文明の独自性はこのような内なるものと、新しい外から来たったものとを柔軟に受け入れ混合させ重層させながら輝きを増してきたとも言えよう。のちほど触れる明治維新期に見せた日本人の、外なる異文化であったヨーロッパ文明の受け入れでの和魂洋才と呼ばれた大胆かつ柔軟な対応力もその現れであると言える。

今世界は、文明の衝突や宗教の違いによる対立抗争で終わりなき不毛の戦いを続け殺し合っている。二十一世紀の世界が真に共生し共存して平和を維持していくためには、新しい文明の理念が求められているが、その解明の鍵はどうやらこの日本文明の中に隠されていると我々は確信している。この日本文明の独自性、日本らしさの内に秘められている哲学が、果たして世界の人々を納得させ得心させる「普遍性」をもつものであるかどうかについては、さらに踏み込んだ論証、詳論が必要であり、我々はその取り組みを現代自然科学や生命科学の知見を踏まえて、第3章及び第4章で行いたいと考えている。

第5節　明治維新の謎を解くカギは「日本の心＝大和心《やまとごころ》」

外国人には全く理解できない明治維新の無血革命

明治維新を語るには、近世初頭の世界史を概観しておく必要がある。十五世紀末から十六世紀のいわゆる大航海時代と呼ばれる時代に始まったポルトガルとスペインによる東方進出に続いて、十七世紀にはオランダが、十八世紀にはイギリスとフランスが順次東方に進出して来たが、最初は自分達の故国を豊かにするのが目的の貿易が主であったが、やがて十八世紀の半ば以降、西欧人による東方進出は、いわゆる植民地経営の目的のための領土獲得を目指した征服的意図をはっきりもった進出となってゆく。その頃アジアには四つの大きな帝国として、ロシアのロマノフ王朝、西アジアのオスマントルコ帝国、インドのムガール帝国、そして東アジアの清帝国があった。そしてこれらのアジアの帝国は、歴史的に見て、当時の西欧世界よりもはるかに豊かな先進文明をもっていた。アジアのこれらの国々は物産は豊かでかつ政治も安定していたにもかかわらず、はるかに文明的に遅れていた西洋に、わずか二〇〇年ほどの間に、あっという間に追いつかれ追い抜かれていったのは、いかなる原因によってそうなったのかという問いかけが文明史的には重要である。

この質問に答えるには、有名なイギリスと中国の間で戦われたアヘン戦争の顚末《てんまつ》を見ることによって明瞭となる。当時、イギリスが清国から輸入する茶は生活必需品であり、かつその供給源は中国にしかなかったのに対し、中国はイギリスから買い求める必需品をもたなかった。その結果、イギリス人の考え出した奸智《かんち》に長《た》けた「自由貿易」という美名の下での、恐ろしい弊害をもたらす麻薬であるアヘンの中国市場への輸出という策略の登場となる。イギリスはインド人に人間を廃人に追い込む麻薬であるアヘンを作らせ、それを清国に売り込むことによって、対清貿易のバランスを取ったのである。このことはイギリスにとってはインド支配の財政基盤となり、同時に中国大陸への征服的進出にも合致するという、実に巧妙極まりない仕掛けであり、中国の清政府が怒ったのは当然であり、アヘン戦争となる。この戦いにイギリスは自由貿易を守るためとの美名の下に議会で承認して艦隊まで派遣している。この出来事は、現代の自由を守るための美名の下に軍隊を派遣し相手国の国民の多くを殺している出来事とどこか似通っているように思えてならない。現代の出来事はともかくとして、アヘン戦争はイギリス側には全く正義のない強引極まりない横車を押し通した戦争であったと言える。しかしながら問題は、なぜこのような出来事が起こったのかという原因の究明が大切である。次にその原因を探ってみることとする。

文明史的に見ると、当時のヨーロッパとアジアの政治・経済上の決定的な違いに着目しなければならない。まずヨーロッパであるが、ヨーロッパ内部での各国の覇権争いの結果は狭い国土の奪い合いとなり、その結果、土地と富を求めて、地球上の他の地域への収奪の企てとしての征服的進出を生み出したと社会学者たちは見ている。ヨーロッパの歴史は「ローマの平和」を過ぎてからの千年の歴史を見ても、一〇年以上平和だったことはなく、ひたすら戦いに明け暮れた歴史であり、正に好戦的な民族性・国民性が原因の一つであると言っても過言ではないであろう。戦後、『菊と刀』という書物でベネディクト女史が、日本民族を好戦的な特殊な民族、文明度の低い特殊な国と書いて、その見方が世界にも喧伝《けんでん》されたが、日本の軍閥支配はたかだか数十年の間であり、それ以前には江戸期二〇〇年、また平安朝時代三〇〇年もの平和な時代が続いたのであり、古代の縄文時代に至っては戦いの痕跡を探すのが難しいほどの平和の時代があったと思われる。話をヨーロッパに戻して、あの時代のヨーロッパは、大した天然資源にも恵まれず、狭い土地に閉じ込められ、貧困と疫病にさいなまされた結果の絶望が、彼らを突き動かしたのであり、また中世の領主と農民との取り分争いにも限界があり、その苦境から脱出するためには、東方に進出して行かざるを得なかったのであるとする社会学者の解説も、一応説得力をもっている。

しかしながら、我々は文明論的視点で見る時、西欧人たちの東方進出の最も強力で重要な第一の原因と契機は、西欧キリスト教文明の基層に秘められているその文明の核心をなしている思想・哲学にあったと見るべきであると考える。その内実は、前章で詳しく述べたごとく、超絶一神への絶対的帰依に基づく、他の宗教すなわち異端を認めず、それを殺すことが神への忠節であるとする排他主義・非寛容主義・征服主義の精神である。そしてそのような宗教的信仰心と共存するものとして、彼らの自我の強さと競争心ガあったと言えよう。その結果の現われとして、豊かで繁栄している異端の国々に向かって聖戦として武力による進出競争を始めたと見るのが妥当であると思われる。そして競争は強い活力を生み出す源泉であることは現代も変わらない現実である。時代はやがて十九世紀の帝国主義と呼ばれる時代に入り、中国を始めとする東アジアの国々にヨーロッパ帝国主義の国々の争奪戦の影が忍び寄ってくることとなる。しかしながら、当時の中国は、いわゆる華夷秩序の下での自己中心的な慢心からくる無防備にして鈍感な感性しか持ち合わせておらず、恐ろしい危機を全く了知することすらできなかったのではなかろうか。

これに対して、同じく東アジアの一角にあった日本は、このような世界情勢の不気味な動きにどのように反応し、いかに対処し行動したかという点が重要なところである。明治維新という日本文明史上の大きなターニングポイントでの日本人の見せた見事な危機対応能力こそ、日本文明史上の圧巻であり、「日本人の心」「日本国の精神」「日本人のアイデンティティー」がはっきりと見て取れるところである。

一八六八年、ペリーに率いられたアメリカ艦隊の来航と幕藩体制の弱体化に伴う内政の混乱に加え、外からはイギリスとフランスの露骨な内政干渉や、ロシアの不気味な動き等々、当時の日本にとっては正に青天の霹靂《へきれき》の驚きであったはずである。にもかかわらず、この激動の荒波に臆することなく果敢にかつ迅速に対応し、現代の著名な文明史家たちが一様に興味と強い関心を示したところの、世界に稀な「無血革命」とも呼ばれる画期的な革命、すなわち自己革命を成し遂げ、後進性をもっていた日本国を一挙に近代国家に生まれ変わらす大改革を成し遂げたのである。そこでこのような見事なまでの危機対応能力をもった「日本人の心」とも呼ぶべき日本文明の精神構造の内容について少し詳しく踏み込んで論じてみることとする。

まず明治維新という課題に取り組む時、最大の問題は実に謎の多い、特に外国人にとっては理解し難いところの多い改革・革命であるということである。西欧文明史の常識で考える時、明治維新というエポックメーキングで見せた日本人の驚くべき不思議な対応の仕方は、彼ら西欧人にとっては、理解を超えるものであり、今なお世界の文明史家たちの強い興味と熱い関心を呼ぶところであることは先述した通りであるが、実はこのような西洋文明の感覚では謎と写る日本人の行動の中にこそ「日本人の心」「日本人の真骨頂」が潜んでいるということである。

第一に、明治維新には明白な原因らしい原因が見当たらないと言われているのが通説である。その原因としていわゆる左翼系学者のよく使う唯物史観に基づく階級闘争のカテゴリーは全く当てはまらない。少なくとも、幕末の庶民や一般国民には当面の政治体制を否定し打倒しようとするような意識もイデオロギーもなかったはずである（一部武士たちを除いて）。彼ら庶民は武士階級や商人の支配を容認していた。この点からも、ロシア革命やフランス革命とは、本質的に異なる。あえて原因を求めれば、先述してきた海外の帝国主義国家の不気味な動きであるが、アメリカやロシアが艦隊を伴った来航によって貿易通商のための開国を求めてきた出来事があるが、しかしこれをしも彼らは日本国の内政改革や、革命を求めたのではないことは歴史の事実である。

次の謎は、明治維新は世界史上の他の革命と比較しても抜本的な社会制度のすべてを覆《くつがえ》す大改革であったのであるが、特筆すべき点は、その改革を成し遂げた主体は、社会制度の中で士・

農・工・商の階級差別のあった中での特権階級であった武士団が、自らの優位な地位を自ら投げ捨てて改革を成し遂げたという、世界でもたぐいまれな内発的・自発的な革命であった点である。謎であるのは、なぜ彼ら武士団が国家という全体社会の改革のために、このような無私の捨て身の行動を取ったのであろうか。このような行動を武士たちに取らせたものは一体何であったのかという点に謎を解くカギは潜んでいると言えよう。我々は以下この設問に答えてみたい。この設問に答えることこそが、「日本文明の基層に秘められている哲学」すなわち「日本人の心」を抉《えぐ》り出すことであり、本稿の主題でもあるわけである。

次に今一つの明治維新の不思議であり謎は、普通、革命には多大の流血が伴うものである。フランス革命やロシア革命と比較して見ると、当時のフランスの人口は三〇〇〇万人弱であったが、革命による流血は百万人の人の生命を奪った。ロシア革命に至っては、数百万人の同胞の血を流している。中国革命は数千万にものぼる国民の生命が奪われ、当時は大河の流れに死体が川面を埋め尽くして浮流していたと語られている。

これに対して、日本の明治維新では、戊辰内乱で約八千人余の犠牲者が出たに過ぎず、その後の西南の役での一万数千人の戦死者を合計しても、わずかに二万数千人の比較にならない事実は何を意味しているのであろうか。我々はこの事実の意味するものは、その民族の文明の精神構造の内実に関わるものであると理解する。江戸城が薩摩・長州・土佐の改革派の連合軍と幕府軍との決戦の場になるぎりぎりの状況下で、無血開城が実現した出来事も、西欧人にとっては不思議な理解を超える日本人の精神構造である。この攻防戦の山場で、両軍の将である西郷隆盛と勝海舟の池上本門寺（現在の東京都大田区）に於ける会談で、平和裏に江戸城を無血開城し、江戸の街を焦土と化すことを避け、江戸市民を戦禍の災難から救った歴史の事実の底に流れる、この歴史を動かした人達の精神こそ、正に上述してきた縄文期の古代から脈々と日本人の心の奥底に伝承され受け継がれ、生き続けてきたものであり、我々はこの精神構造を「一つの心」という言葉で表現したい。西欧文明の歴史に見る血で血を洗う殺戮《さつりく》の事実と対比する時、日本文明の素晴しい独自性が明瞭になると思われる。古事記の神代の話として伝えられる大国主命の国造りの時の、自らの名誉権力を捨て去り、庶民達の民の心と一つになり、民の立場になって国造りに励まれた心。また天つ神系の天皇側から攻められた時、治めている国の民の幸せと安全を慮《おもんぱか》り、民の心と一つになって、民が救われるのならば、として自らが戦った相手と徹底抗戦することなく、自らを捨て相手と和して国を譲られた心こそが、正に江戸城の無血開城の精神に通底するものである。そしてこの大国主の民を思い、民の心と一つになって、自らの名誉と地位を捨て、国を護られた心は、太平洋戦争の敗戦時に、昭和天皇が自ら発意されて占領軍司令官マッカーサーを訪れ、自分は絞首刑になってもかまわない！　どうか国民を救けてやってほしいと訴えられ、自らの生命乞いに来たと思ったマッカーサーを感動させ、マッカーサーの位負けとなったこの会見の昭和天皇の凄さは、正に日本文明の核心に流れている哲学のもつ凄みであると言えよう。

明治維新を成し遂げた日本人の「アホウな心」

さて、明治維新を語る時、別の角度から見てぜひとも触れておかなければならない重要な視点がある。それは国家体制の改革に当たって、当時の改革の指導者であった施政者達の取った対応力の素晴しさについてである。彼らは、先進近代国家体制を備えていたヨーロッパの国々から政治・軍事制度を始め教育制度等、あらゆる先進文化を貪欲に大胆に徹底して吸収し、吾が物とすると共に、他方では一般民衆たちも後世「和魂洋才」と言われたごとく、丁髷《ちょんまげ》を結っていた頭を断髪し、西洋風文化を臆するところなくどんどん取り入れながらも、古代から日本人の血の中に受け継がれてきている伝統的な日本人の心・日本人のアイデンティティーは断固として保持し、捨て去らなかったという事実である。我々は日本人のもつ、このようないわば精神の柔軟性というか、成長期の若い息吹に溢《あふ》れた子どもがもっている、何でも柔軟に学び吸収する精神のような、「若々しい民族の魂」と、古来からの伝統のアイデンティティーを断固として守る、二つの不思議な精神構造に注目したい。このような日本人の精神構造の奥に秘められている「或る何ものか」とも呼ぶべきダイナミズムこそ、日本文明の核心であり、日本文明のもつ哲学であると言ってもよいであろう。

ここで高名な歴史家であり、思想家でもある西尾幹二氏の『江戸のダイナミズム』について少し触れておきたい。西尾氏によれば、明治を準備したのは西欧哲学の流れの中のカントやフィヒテやヘーゲルではなく、江戸期の思想家であった荻生徂徠や本居宣長、新井白石等であった。日本における「近代的なもの」は、実は外からではなく日本史の内部から熟成して出てきたのであり、むしろ西洋史の時代の流れより早く生まれている。この江戸期の知的ダイナミズムこそ、明治維新を成し遂げ、近代国家を生む母胎となったものであると言う。なかんずく本居宣長については、西尾氏は、単に古事記研究の勝れた文献学者、国学者であるよりは、偉大な思想家であったと位置づけているが、我々も全く同感である。本居宣長については、小林秀雄の『本居宣長』がよく知られている。また上田秋成との論争が有名であるが、宣長の日本人の心を唱った代表的な歌である「敷島の大和心を人問わば　朝日に匂う山櫻花」は、古代から口伝で伝承されてきた文字で表現でき難い不立文字の核心部分を一句の歌で見事に感性的に表現し得た素晴らしい歌であり、秋成の皮肉をこめた狂歌「敷島の大和心の何のかの　胡乱なことも又櫻花」等は、日本文化の哲学の核心部分を理解することのできない秋成の底の浅さを自ら露呈していると言わざるを得ない。

さてそこで次に、明治維新の原動力となった「日本人の心」を語る時、今一つの忘れてならない大切な事柄がある。それは、一般大衆の中では、ほんの一握りの若き下級武士たちの憂国の熱情に突き動かされた無私の捨て身の行動である。先述のごとく、当時の西欧列強の虎視眈々たる目は、中国と同じく日本にも向けられていた。その一つの現れがアメリカ艦隊やロシア艦隊の来航であった。当時の情報手段の少ない時代にあって、地方の各藩の下級武士であった彼らは、いち早く国家の危機を敏感に感じ取り、所属した藩からの生活の糧である食禄（会社からの給料）を自ら投げ打ち、脱藩（現代風には退職）し、危険の待ち受ける生命の保証さえもない修羅の巷であった京都や江戸に駆け上がったのである。彼らの心を、自分の生命を棄ててでもと突き動かした「何ものか」こそ、前述してきた古代からの日本人の血の中に脈々と受け継がれてきている精神の核心部分であったと言えよう。最近の新聞にイラクのサマワに派遣された自衛隊の中隊長格の若者たちの出発に当たっての決意が回想記として掲載されていた。皆それぞれ死を覚悟した子どもや妻への別れの言葉であった。テロの渦巻くイラクであれば当然である。ちょうど当時の京都や江戸は正にテロの横行する生命の保証なき地域であった。現代の自衛隊員は、国家を防衛する公的職務としての渡海である故、当然でもあるが、かの幕末の若き志士たちの凄さは、国の危機を大衆に先んじて了知し、当時の大衆であった農家の人々は、朝の挨拶で「今年の西瓜《すいか》の育ち具合はどうですかなー、何やら京都では物騒なことが起っとるそうでんなー……。地方から来た浪人衆が三文の徳にもならんこと企てて、そして殺されてアホウな人たちでんなー……」と語り合っていたはずである。この時、彼ら若者達は、自らの損得を超えたアホウの極地の精神で行動していたのである。この「アホウの精神」こそ、古代の大国主命が実践した自らの名誉と地位を投げ捨てて顧みず、ひたすら民の身の上を思い計り、国を譲った精神に通ずるものである。彼らは、自らの生命を捨てる覚悟をもった決断を自ら行い、行動を起こして単身上京し、維新回天の舞台回しに奔走して、その多くの若者達は明治維新成功のための捨石となり礎《いしずえ》となって死んでいったのである。明治維新という世界に比類ない素晴しい革命を成功させ、中国のように植民地に等しい侵略を受けることなく、近代国家へと躍進させたものは何か、またそれを成した人は誰かとの問いかけに対して、我々は躊躇《ちゅうちょ》なく、それは日本文明の核心に生き続けてきたところの上述してきた「日本人の心」であったと答えたい。幕末の著名な古事記研究者・本居宣長の言葉を借りて言えば、「大和心《やまとごころ》」であった。

またそれを成し遂げたのは誰かとの問いかけには、明治政府の顕官《けんかん》、高官となり、勲章を胸に一杯飾っている人達だけではなく、彼ら無名の捨石となり礎となって死んでいった若者達であったと答えたい。それはあたかも海に堤防を築く時、海底に多くの捨石を積み上げた上に始めて防波堤が波間に姿を現わすがごときものである。したがって、彼らの行動を後世の人々が無謀な脇の甘い直情径行の行動である等、もっともらしく解説したり軽々しく論評したりしてはならないと我々は考えている。このような志士たち（個人）の国家（全体）への貢献のために、全体の危機を救うために、個が自らの生命を自ら投げ出しての行為は、実は生命あるもののもつ生命のメカニズムの働きに見られるものであることが、現代の生命科学の研究によって明らかにされつつある。それはアポトーシスと呼ばれる個々の細胞の死である。オタマジャクシが成長してカエルになっていくプロセスで、不用になる尻尾を構成していた細胞たちは自ら死んでいく（壊死《えし》ではない）ことで、身体全体のカエルとしての成長を促すという。この点については次章で、現代生命科学の知見を踏まえて詳述する予定である。

明治維新は外からの圧力や、あるいは内部の一部勢力の自分達の新しい地位獲得のための自利の精神に基づく行動からでもなく、逆に自らの優位な地位は失っても、国家全体が外国勢力によって植民地化されるのを防ぎ、国家の危機を乗り切るための、国を想う純粋な利他の行動であったと言えよう。当時のアジアの他の国々が、中国の清帝国を始めとして西欧列強の勢力の前に屈服し半植民地化され、滅んでいった中にあって、日本だけがなぜにこのような見事なまでの危機対応力を発揮し、荒波を潜り抜け自己変革して近代国家へと脱皮することができたのかという視点こそが重要である。社会学の学者はその原因として幕藩体制という封建制度そのものが、様々な社会的要因から限界に達しており、必然的な改革であったとか、あるいは左翼系マルキシズムの学者達は、マルクスの説く唯物史観の唯物弁証法の法則に基づく必然の歴史の帰結であり、旧体制はアウフヘーベン（止揚）されるべきテーゼであったと割り切った発言がなされている。また最近では、理工系の新しい理論である複雑系のカオス理論まで持ち出して解説がなされたりしているが、いずれも説得力に欠けると言わざるを得ない。

文明史は歴史の流れを外面的な出来事の羅列として捉えるのではなく、時代時代の歴史を創った人間の精神の動きと内実を文明の核心として捉えようとしているものであり、我々はこの世界史上稀有《けう》な出来事であった明治維新を成し遂げた日本人の心、日本国の精神風土こそ注目されるに値するものであると考えている。そしてこの精神風土とそのルーツは、単に近々二百年ほど昔のよく言われる肥前鍋島藩で生まれた「武士道」の精神に由来するものではない。時系列的には、逆であって、上述してきたごとく、数千年、数万年に及ぶ縄文時代以来の長大な時間の中で、日本人が自然と共生しながら、自然の摂理から学び取り熟成してきた叡智《えいち》である。この古代から脈々と受け継がれてきている日本人のアイデンティティーについては、次章で「生命論的人間論」として、現代自然科学、また生命科学の知見を踏まえて詳論することとしたい。

さてここでちょっとお断りしておきたいのは、我々は本稿で日本史を縄文時代から明治維新に至るまで大きなエポックメーキングの時代を取り上げ論じてきたが、次に論ずるべきは激動の昭和史であるべきことは充分承知している。がしかしながら、昭和史に踏み込むことは、少々の紙数では不可能である。日露戦争の大勝後のアメリカの日本への友好国から危険視する国への変心や、また中国改革派の孫文や蔣介石等との関わり、そして満州事変の背後に見え隠れするロシアや列強の思惑等、複雑な当時の時代背景の潮流を論じなければならず、本稿の限られた頁数ではとうてい無理である。

また日本文明の基層に潜む哲学を抉《えぐ》り出す本稿の趣旨からも少し逸脱することにもなると思われるので、今回は省略して後日挑戦することとしたい。

しかしながら昭和史の中核である太平洋戦争について一言論じておきたい。太平洋戦争は多くの若者の生命と全土が焼け野原になるという大きな犠牲と代償を払ったが、世界の文明史的視点で見る時、この戦争は、結果として、図らずもアジアの国々を欧米列強国からの過酷な搾取《さくしゅ》の行われていた植民地化の現実から解放するという、大きな新しい時代の潮流を切り開いたのである。

現代の国際社会でのかつての植民地であったアジアやアフリカ諸国の活躍と平等・対等な姿を目にする時、我々は日本国がこのような時代の幕開けの突破口を斬り開いたと言っても過言ではないであろうと思っている。太平洋戦争で散って行った若者達よ！　もって瞑《めい》すべきであろう。

第2章を終わるに当たり、第3章及び第4章へのつながりについて述べておきたい。第1章及び第2章では、西欧キリスト教文明と日本文明のそれぞれの史実に基づく比較を試みながら、それぞれの文明の明暗と独自性を探った。しかしながら、日本文明のもつ独自性が勝れたものであり、世界の指導理念としての、二十一世紀の新しい指導理念としての「普遍性」をもつものであるとの正当性への理論的根拠づけが未だ充分であるとは言えない。世界の誰もが納得し得心するためには、現代社会に生きる人々がおしなべて信頼し信用している学問としての自然科学のもつ「実証的理論」によって、その客観性・普遍性が保証されなければならない。我々は第3章及び第4章では、この現代の先端科学の様々な知見を踏まえ活用しながら論述を進めることとする。日本文明のもつ独自性を正当たらしめている普遍性をもった「文明の理念」とは、一言で表現すれば、西欧文明の特色である自然の征服でなく、「自然との共生」「自然への合一」「自然への尊崇」である。言い換えれば、「自然の摂理」に人間のほうが合致して生きる生き様である。「生命あるもののもつ生命のメカニズム」に合致して生きる生き様こそ至上のものであるとするものである。自然の摂理は、母なる大地と言われるような暖かい慈しみに満ちた一面をもつと共に、その摂理に背反すれば寸毫《すんごう》も許さない峻烈《しゅんれつ》な厳しさを併せもつ。例えば、雪の降る厳冬に裸で暮らすのも人間の自由であるが、その人は凍えて死ぬ。ビルの屋上の端から空中に一歩を踏み出すのはその人の自由であるが、万有引力の自然の法則を無視すれば、その人は確実に墜落する。草花はすべて太陽の光にあたらなければ日を経ずして根腐れして枯れ、また水を一週間も補給しなければ干からびて枯死する。昆虫や熊なども、冬は土中や洞穴の奥で冬籠もりして過ごす。自然に逆らい土中から這い出せば死が待っているのである。生命あるものはすべて人間も含めて自然の摂理に逆らっては生きていけないように創られていることを知るべきである。そこで我々はこの宇宙自然のメカニズムに焦点を当て、科学の目でその特質を探ってみることとする。

り、あるいはもっと離れていたら、気温は生物のためには高すぎるか、あるいは低すぎるであろう。

地球は太陽の周りを1年間に1回公転しているが、その速さは時速10万7000キロメートルである。この速さは太陽の引力を相殺し、太陽と地球の距離を適正に保つのにちょうどよい速さである。もし何らかの原因でその速さが遅くなると、地球は遠心力が減少し太陽に引き寄せられる。やがて太陽に一番近い惑星である水星のように焼け荒れた惑星になるかもしれない。水星の日中の温度は300度を越すといわれる。反対に公転の速さが増大すると、地球は自らの遠心力によって、太陽からもっと離れて、太陽からずっと遠い軌道をもつ冥王星のように凍りついた不毛の星になりかねない。ちなみに、冥王星の温度は零下180度ほどだといわれ、人類の生存に不向きなことは明らかである。

さらに、地球は地軸を中心にして24時間に1回、完全に自転している。そのため昼と夜の時間帯が交互に出現する。もし仮に地球の自転が年に1回だけだったらどうなるか。それは地球の同じ側が1年中太陽に照らされ砂漠のように干上がるだろうし、反対側はいつも暗闇で氷点下数十度の不毛の大地となろう。このような極端な環境下で生存できる生物は少数に止《とど》まるだろうし、もちろん人間や高等動物の生存は不可能となる。

ところで、地球の自転軸は太陽に対して23・5度傾いている。もし地軸が傾いていなければ、春・夏・秋・冬の四季の移り変わりは起きない。そのため植物の成長状況は現状と大きく変わり、それに伴って現在世界各地で見られる、種まき、収穫のサイクルは当然甚だしく変化する。仮に地軸がもっと傾いておれば、夏は現在よりずっと暑く、冬はとても寒くなるだろう。23・5度の傾きは四季様々な変化を楽しませてくれる。地球上の多くの場所で、春は草木が芽生え、花は咲き、動物たちは生殖、子育てに励む。夏、秋、冬と人々は季節、季節のよさを楽しみ、生活を充実させる。

特に日本は、四季の移り変わりの恵みを受けるのにちょうどよい地理的場所（北緯20度25分〜45度31分、東経122度56分〜153度59分）で、しかも四方海に囲まれている条件のところに位置しているので、四季に伴う変化が多種多様で彩りに満ちている。それに応じて日本人の感性は研ぎすまされ、自然と共に楽しむ繊細で豊かな独自の文化が創り出されてきた。これは地軸の傾きが23・5度あることと、日本列島がちょうどよい場所、よい条件のところに位置しているためであることを知り、自然の摂理の妙を満喫できる日本に生まれたことに感謝したい。

地球にはもう一つ驚くべき特異な物質がある。それは地球を包んでいる大気だ。太陽系の惑星で地球にあるような大気をもつものはない。大気は我々の生存にぜひとも必要な気体をちょうどよい比率で含んでいる。その一つが酸素で我々の吸う空気の21％を占めている。酸素がなければ人間も動物も数分で死んでしまう。しかし酸素がそれ以上多くても我々の生存を脅かす。純粋な酸素を長く呼吸することは有害である。活性酸素の有害性が盛んに言われているように過度の酸素は危険である。

現在の酸素濃度21％は生物にとって安全の上限だといえる。これより少しでも濃度が増えれば、火災の危険性が倍加する。落雷などによる山火事の危険性は、酸素の濃度が現在より1％上昇するごとに70％増加するといわれる。濃度が25％を超えたら、自然発火や落雷などによる山火事は、すべての可燃物を焼き尽くしてしまう。そのため熱帯雨林も極地のツンドラも破滅し、海面は上昇して多くの島や低地は海面下に消え去る。そうなれば地球の生態系は致命的な打撃を避けることはできない。このことは、多くの識者の指摘する通りである。

現在の酸素レベルは、危険と利益のほぼ均衡点にあると考えられる。21％という現在の濃度は落雷や自然発火で山火事も起こる。けれども地球上のほとんどの場所で火を起こせるという高い生産性、便利さをもっている。山火事もその生産性を妨げるほど頻繁に起こるわけではない。つまり、酸素濃度が21％以上でも以下でも、我々にとっては望ましくないのである。

幸いにも、酸素は大気中の78％を占める窒素によって薄められ、酸素過多になるのを防いでいるが、窒素の働きはそれだけではない。窒素化合物は雨によって地上に運ばれ、植物はそれを肥料として用いて成長する。根粒バクテリアを根に住まわしている豆科の植物などよい例である。

大気中の二酸化炭素は大気のわずか0・03％に過ぎない。そんなわずかな量だが、とても大事な役割りを果たしている。このガスがなければ、植物は死滅する。そのわずかな量こそ植物が吸収して、その代わりに酸素を放出するのに必要な量なのだ。人間と動物は酸素を吸って二酸化炭素を吐き出す。反対に植物は二酸化炭素を吸い酸素を出す。大気中の二酸化炭素の比率が増えると、それは人間や動物にとって有害だが、比率が下がると植物の生育に障《さわ》りが生じる。植物と人間や動物との共存のために、大気中のガスの成分比率がちょうどよい具合に構成されていることが理解されるであろう。

大気の役割はこれだけではない。大気外の宇宙から飛来する有害物質から我々を守る役目を果たしている。地上からおよそ25キロメートルの上空にはオゾンガスの薄い層があって、太陽からの有害な放射線や紫外線を吸収している。オゾン層がなければ、放射線は地上の多くの生物を死なせてしまうだろう。また大部分の隕石は地上に届くまでに、大気中の酸素と化合して大気中で燃え尽きてしまう。もし大気がなければ何百万個の隕石《いんせき》は地上のいたるところに落下して、我々に多大の被害を与えることになる。

大気はさらにこのような保護の覆《おお》いとなるに加えて、地球の暖かい熱が地球外、宇宙へと放出されるのを防ぐ働きをしている。いわゆる温室効果といわれているのがそれである。現在、地球の温暖化が問題となり、熱帯雨林の壊滅や極地のツンドラ地帯の喪失の危険性が声高く叫ばれている。これは人間の利便さへの欲求による化石燃料の過大な消費に端を発していることは識者の指摘するとおりである。過度の化学エネルギーの消費により大気中の二酸化炭素の含有率が上昇し、適度以上の温室効果を生み、人類の生存を脅かすようになっている。このことからしても、与えられた自然環境に従って、それを保持するような節度ある生活、行動が我々人間に緊急のこととして求められているのだ。そしてこの重要な大気自身も、地球の引力によって外部に消散しないよう地球に引きつけられている。その引力はそのことを果たすためにちょうどよい強さであり、我々を地上に釘づけにして運動の自由を奪うほど強くはない。

また、地球には生きものにとって欠くことのできない特性を備えた水が、大量に存在している。人間や動物、植物などの生きものが必要とする数千種類もの栄養物質は、体液や樹液など、液体のかたちで運搬されなければならない。水はこの目的を果たすには理想的な物質といえる。それはどんな液体にも勝って、多くの物質を溶解することができる。水がなければ栄養摂取の過程は続かない。栄養物の消化、同化やそれの運搬を考えてみれば明らかであろう。生物は水に依存し、水に支えられて生きているのだ。地球は水の惑星である。

その上、水には氷結の仕方にも特異な性質がある。水は温度が下がると重くなって下層に沈む。そしてより軽くて温度の高い水を押し上げる。しかし水の温度が氷点に近づくと、この過程は逆になる。氷点に近づくと、その冷たい水は軽くなって上昇し、氷結すると表面に浮かぶ。その場合、水は一種の断熱材となって下層にある水が凍るのを防ぎ、水生の生物を保護している。水にこの特異な性質がなければ、冬ごとに氷は水底に沈んで堆積し、夏まで太陽光線によって解かされることがないかもしれない。

以上ざっと見てきただけでも、我々の住む地球が生きものにとって、どれほど有利な特異な惑星であり、その特異性に支えられ、保護されて、我々人間の生存が可能なことがよく理解されると思う。この地球の保護、恵みを受けることなしには、人間が生存し生き続けることは不可能であることを、我々はよく認識しなければならない。そして地球は太陽系に属し、その運行は太陽系に大きく条件づけられている。太陽系はさらに銀河系に属し、銀河系は大宇宙のメンバーであることを考えれば、我々生きものは結局、地球や太陽系、銀河系を含むその大宇宙、自然界の摂理に守られ、支えられてはじめて生存が可能であり、これから後もずっとそうであろうことは恐らく否定できないであろう。つまり人間は自然と関わり、その保護、恵みを受けて、発生以来ずっと自然に守られ、その自然の内で生活し生き続けることができたのである。

縄文人たちは、自然とかかわりながら本能的にというか、直観的にそのことを見取り、自然の偉大さを神として畏《おそ》れ敬い、その摂理に従う生活を続けてきた。その点、自然を支配すべきことと教えたユダヤ教、キリスト教を基層とする人間優位の西欧文明といかに対極的であることか。そしてこの人間優位の文明が、環境破壊に伴う危機的状況に直面して、その限界を露わにしていることを考えただけでも、縄文人たちの英知に感謝し、その伝統が今なお我々日本人の生活の中に生かされていることを誇りに思う。

第2節　マイマイカブリの棲み分けと日本列島の成り立ち

前節で示したように人間を考える場合、自然との関わりを重視することはごく当然であり、欠くことのできないものである。この自然との関わりを無視、あるいは除外した人間に関する思想は、たとえいくら勝れた内容を含み、何十億人もの人に数千、数百年にわたって信頼されてきたものであっても、からだをもち、自然の保護なしには生存できない現実の人間を考える上からは、不可欠な条件の欠落した不十分な思想、人間論だと言わざるを得ないであろう。

生命科学の知識に止《とど》まらず、生きものすべての歴史と関係を探ろうとする、生きものの歴史物語「生命誌」学説を提唱する中村桂子氏は『生命誌の世界』で面白い事例を取り上げている。以下それを紹介しよう。

カタツムリを餌《えさ》としているマイマイカブリのDNA分析による分類が、それが棲息《せいそく》している地域と、見事に平行して棲み分けがなされていることが分かった。しかしその棲み分けの境は何を意味するのか。DNAそれ自身は何も語らない。

ここに思いがけない情報が飛び込んできた。古い地盤に記された磁気の方角の分析から日本列島の成り立ちの歴史を研究している地質学者が、この境目は、まさに列島形成の経緯を反映していると教えてくれた。

２０００万年前、日本列島はまだアジア大陸の端の一部であった。地殻変動で大きな塊が大陸から離れ、最初は大きく二つに折れた。１５００万年ほど前のことだ。これはマイマイカブリの系統樹が二つに分かれた時に一致する。その後の多島化を調べていくと、八つの島に八つのマイマイカブリの亜種が分かれていく様子とぴたりと重なる。

この見事な一致に生物研究者も地質研究者も驚いたのである。しかしよく考えてみると、この一致はごく当然な自然的な出来事であり、驚くには当たらないであろう。地面を這《は》って行動するマイマイカブリの活動はそこに棲息する場所の地理的条件、自然状態に大きく条件づけられるのは当然であり、それに応じてマイマイカブリのＤＮＡが変化し、新たな亜種の発生となり、棲み分けがなされたと思われるからである。

自然は日本に限らない。一種類の生物で世界全体を見ることができたら面白い。そう考えて中村氏は世界のオサムシと地球の大陸形成史との関わりを解く研究を始めた。その結果、オサムシの分布と地史とが一致し、重なり合うことが分かったという。

これらの事例は、生物の進化を左右するＤＮＡの遺伝情報の変化がいかに自然状況と深く結びついているかということを示している。このことを自然、とりわけ地球による保護、その恵みを受けることなしには生物の生存は望めないのではないか、という前節での我々の見取りとを考え合わせてみれば、人間や動物、植物にとって、自然との関わりはとても大切で、生存や進化のための不可欠の条件であり、この条件なしには生きものの生存もその理解も十分説明できないことが明らかになったと思う。そしてこれは、人間の研究にもそのまま妥当し、人間研究における自然条件の不可欠性をはっきり示すものである。

第3節　生体に見られる時計機構

冬が去り、春めいてくると、鶴や白鳥たちは北に旅立ち、草木は芽を出し、新緑で山野は彩られる。鯉や鮒は川や池の深みから浅瀬や水田へと移動して産卵する。鮎は川面をきらめかしながら遡上《そじょう》してくる。南からはつばめが戻ってき、鳥たちは番《つがい》をつくって、巣づくり、子育てに励む。夏には木々の緑はひときわ濃くなり、成長した小鳥たちがあちこち元気に飛びかう。秋になると樹々は紅葉し、実をつけ人びとは実りの秋を楽しむ。つばめは南に去っていく。やがて樹々は落葉し、山頂に初雪を見、カエルやトカゲたちは冬眠に入る。入れ代わりに白鳥たちが戻ってくる。

このように生物の活動には1年周期のリズムが見られるが、これとは別に月経のように月齢の運行と一致するリズムもある。さらに私たちの血圧・脈拍・食欲・睡眠・白血球数などの生理現象は、1日24時間のリズムで変動し、日々それを繰り返している。例えば、血圧は朝は低く昼間は高くなる。平均すると最高は130、最低は80ほどで、多くはこの範囲内で時間的、周期的に変動している。また白血球の数は朝が一番少なく、夕方には最も多くなり、1日のうち30％ほどの増減があるといわれる。白血球は病原菌などの外からの侵入者をやっつける重要な働きがあるが、ある種の薬にはこの大切な白血球を減らす副作用があることが知られている。白血球の減っている時間帯にこの薬を服用すると、白血球の減少を加速させ、重大な影響を与えるおそれがある。それで薬によってはその量だけでなく、服用する時間帯を考えることが求められている。

このように生体の活動や生理現象には一定のリズムがあるが、このリズムが狂いなく、平常通り動いていれば体調がよく健康である。そのリズムに変調が生じるとホルモン分泌の乱れなど、からだにいろいろの障《さわ》りが起こる。更年期障害や、高速度移動の長距離旅行などで経験する時差ボケなどは、生体のリズムの乱れから生じるよく知られた現象である。

ではその大事な生物のリズムを生み出しているのは何であろうか。それは生体内にある時計機構であることが専門家によって確認されており、「体内時計」あるいは「生物時計」と呼ばれている。この時計はヒトなどの哺乳動物だけでなく、鳥や昆虫、植物、またミドリムシなどの原初的な単細胞生物にいたるまでもっていることが確かめられている。

我々人間の場合、脳内奥深く、視床下部に「視交差上核」と呼ばれる神経の塊があるが、それが時計だ。それは左右の網膜から出た視神経が脳内で交差する真上にあるので、視交差上核と呼ばれている。視交差上核の特徴は何よりもセロトニンというホルモンを大量に含んでいることである。このセロトニンが1日の間に周期的に増減することが、時計のリズムの基礎になっている。セロトニンは延髄にある縫線核でつくられ、視交差上核に送られてくる。視交差上核のセロトニンの量は昼多くて夜は少ない。夕方になってだんだん暗くなると、セロトニンからメラトニンという別のホルモンに変わる。光の刺激が減るのに反比例して増える酵素があり、それがセロトニンからメラトニンへの変化を促す。メラトニンが増えると体温は下がり、眠くなるなど、からだは休息に向かう。夜はそのまま同じ状態が続く。朝を迎えると、光のためにまず酵素が減ってメラトニンが減り、その分セロトニンが増える。それでからだは目を覚まし、1日の活動が始まる。これは人間だけでなく、動物に共通の生理現象である。

このように光の受容に同調する視交差上核の働きが元になって1日24時間の体内リズムが生じるわけである。大部分の植物では1日の昼と夜の長さの割合によって、開花時期が左右されることが分かっている。それは鳥類の繁殖についても、また昆虫類や哺乳動物の繁殖と成長の一定の局面についても言えると専門家は指摘している。

人間をはじめ多くの生物がこのような時計機構をつくり上げ、そのリズムに従ってからだをコントロールするが、その元になったのは、すでに指摘したように地球の自転がつくり出す昼夜を分ける光の受容だと考えられている。この機構は生物発生以来数十億年、数千万年の長い年月をかけて、地球の自転に同調してつくり上げられたもので、からだの状態を左右するとても大事な機構であることが実証的に明らかにされている。

サンゴも海亀も満月の夜、産卵する。またカルホーニアのトウゴロウイワシは満月か新月直後の晩だけに産卵する。月が欠け始めるや、ヨーロッパウナギはサルガッソー海の産卵場へと移動するといわれる。海の生物だけでなく、人間の出産も月との関係が知られていたようだ。わが国でも満月の夜は出産が多いことから、ある地方では満月のことを「産婆の提灯」と呼んで、産婆さんの忙しいことを言い表している。もちろん現在のような陣痛促進剤などのない自然分娩主流の時代のことである。

Ａ・Ｌ・リーバー『月の魔力』（藤原正彦訳）において、いろいろ面白い研究例が紹介されている。Ｈ・ガスマンとＤ・オズワルドらは、月経の始まるのは満月や新月に多いことを統計的に示した。フォルターー・メナカとアブラハム・メナカは多くのデータを用い、月経サイクルを調べ、その平均値が月齢の１ケ月とほぼ同じであるどころか、なんと全く同じで、29・5日であることを統計的に示した。またメナカらは人間の妊娠期間を調べるために、なんと25万回の出産記録を調べ、妊娠期間はぴったり月齢の９ケ月、２６５・８日であることを確かめた。それで彼らは人間の生殖は太陽標準時よりも、月齢に従うと結論している。このように月経開始日、月経周期、妊娠期間、出産日、これらすべて月の運行と深い関わりのあることを強く示唆している。これはとても偶然とは思えない。

セックスや妊娠に関しては個人の自由な発意に基づく行動がもっとも重要な条件であって、月や太陽などの運行のことなどは、ほとんどの人の意識にはのぼることなく、天体の運行とは無関係だと思われているようだ。けれども、それは表面的な見かけだけのことであり、性行動、性現象の根本には、上記の事例などから分かるように、人間の計らいを超えた自然の深い摂理が働いていることが示唆されているのではないだろうか。この点に思いをいたす時、ジェンダフリーに代表される今様の性の考え方など、一見、科学的、合理的のように見えながら、その実、この自然の摂理、その神秘さを見ようとしない浅はかな唯物論的考え方であり、早晩否認されるのは免れないように思われる。

とにかく人体には、さきに示した地球の自転により変化する太陽光線の受け取りに基づく体内時計のリズムだけではなく、それとは別に月の運行に基づき、それに同調するリズムが行われていることを認めないわけにはいかないであろう。統括的に言えば、いのちの働く生体は太陽や地球、月などの天体の運動と一つになってそれに同調し、響動する働きをもっている。言うなれば、「人間は宇宙、自然の響動体」と言っても差し支えなく、その意味でまさに人体は大宇宙のコピー、「小宇宙」と呼ばれるのにふさわしい。このように生体、いのちは自然の変化、運動に同調し、響動しているが、このことはいのちそのものが自然と一つになりうるという性格、本性をもつものだということを示している。我々は他者と一つになることを「一つの心」と呼ぶが、一つの心こそいのちの本性であり、この本性があるからこそ、いのちは自然の運動、変化に響動できるわけだ。そして自然を崇敬し、自然の摂理に従おうとする日本文明は、いのちそのものの本性に則《のっと》ったものとして卓越した文明だといえるであろう。これに対し自然を人間と対立する異物、征服さるべきものと考える西欧文明は、いのちの本性、一つの心に暗い、それに大きく乖離《かいり》した文明であることは明らかだと思う。

林博史『体内リズムの秘密』において、官有謀《かんゆうもう》氏の経験が紹介されている。氏がハワイの海岸で打寄せる波を見ていた時のことだ。その回数を計ってみると、1分間に18回だった。氏はこれを地球のリズムだと考えた。ところがすぐにこの18という数は、人間の1分間の呼吸数とほぼ同じであることに気付いた。そしてそこから18の倍数が36で体温、36の倍数が72で心拍数、72の倍数は144で血圧と連想したという。確かにほぼ妥当な数値といえる。この数値の中に納まっていれば、からだは健全なよいリズムで動いているといえるであろう。

官有謀氏の指摘からも分かるように、自然の運行、摂理に合致する体内リズムこそ大切で、それをはずれると様々の異常が体に生じるわけである。そのリズムを司っているのが、さきに見たように体内時計である。体内時計の重要さはそのリズムをつくり出す太陽や地球、月などの運行に従うことの重要さを教えるものであり、あらためて自然に同調、調和することが、人間のよりよき生き方、健康の基本であることを思い知らされる。

第4節　自然に対応して共生する生き物たちの生態

「共生」が生物の進化と繁栄を促した

これまで見てきたように、我々に与えられた自然とりわけ地球圏は、人間の生存に不可欠の物的条件を具え、食物、空気、水、熱、光などを提供して、我々を守っている。この自然の保護、恵みを受けることなしには、人類の生存そのものがあり得ないことは明らかである。そこでヒトを含めた生物は、与えられた自然内で生存していくために、太陽や地球、月などの運動に響動して、リズムを刻む時計機構を体内に作り上げ、それに基づいて、体の生理システムをコントロールし、活動している。その結果、生物は個体保持、種族保持に成功し、最初の生命体発生以来37億年も生物は生き続けることができたと思われる。

しかし他方、生物は地球上のいたるところに生存し、互いにかかわり合い影響し合って、独自の生態系を形成して活動していることが知られている。この生態系は生物にとってきわめて重要で、その破壊は生物の生存そのものに重大な影響を与え、ある場合には致命的な打撃を与えかねない。例えば、草食動物は植物を食べ活動している。肉食動物は、この植物に依存する草食動物を餌《えさ》にしているので、結局、動物は植物なしには生存できない。また逆に、植物は動物が呼吸の際に出す二酸化炭素を素材として光合成を行い成長・繁茂しているから、動物の死滅は光合成を不可能にし、植物の消滅を招くことになる。

このように各生物は、互いにかかわり生態系をつくりあげながら生活し、かかわりを離れては生存が不可能になるので、生物相互のかかわり方の実際、とりわけ基本的なかかわり方がどうなっているかということを正しく理解することは、人間論を建てる上できわめて重要な条件となるであろう。とりわけ人類は、社会生活を営み、衣・食・住のほとんどすべてにわたって、社会から多大な恩恵を受けているが、他面、各個人の活動は、その社会に大きな影響を与えている。そして、他の人々や社会とのかかわりが好都合であるのか、そうでないかが、各人の幸・不幸に直結していることは我々の日常経験からも明らかであろう。

よって、生物同士のかかわり方がどうなっているかを探ることが、人間論形成には不可欠の条件となることが分かる。また、このこととは別に、人間の生体はおよそ60兆個の細胞から成り立ち、これらは集合して種々の組織や器官を作り、それらはまた相互に関連し、協調、協力しながら生体を働かし活動している。生体内におけるこれら各細胞、各器官の相互関係の実態、具体相がどうなっているかの追求も、いのちの働き、その本性の把握に必須のものであり、人間論確立に欠くことのできないものであることは明らかであろう。

そこで以下、生物同士のかかわり方並びに生理現象の実際相を、生物学的知見を踏まえて探ることにする。生物間のかかわり方について画期的な学説を提唱し、進化のメカニズムを科学的、合理的に明らかにしたのは、チャールズ・ダーウィンであった。彼は、世界各地で膨大な資料を収集して、進化論を創り上げたと言われている。その理論を要約すれば次のようにまとめることができるであろう。

（1）一般に生物は多産で数多くの子供をつくる。

（2）そのため彼らの間で厳しい生存競争が起こる。ところが、

（3）彼らの中に他と異なる変異をもったものがいて、それが生存競争に有利に働く場合がある。

（4）そうすると、その有利な変異をもった変種は、そうでないものに比べ、生き残る可能性がわずかでも高くなる。

（5）このようなプロセスが長い間繰り返され、何百、何千世代続いた結果、その変種はついにはその種の多数を占めるようになるだろう。これがとりもなおさず新しい種の誕生、すなわち種の進化にほかならない。

これは、人々を納得させる見事な進化理論である。多産→生存競争→変異→自然淘汰→進化という進化のプロセスは、生存競争が進化の原動力であることを示しているが、それだけでなく、人間もその他の生物と同じような進化の道をたどって現在に至ったことを示唆したものと理解され、社会に一大衝撃を与えたのである。すなわち進化論は、「人間は神の姿に似せて特別のものとして神によって創造された」という『創世記』の創造神話に真っ向から対立する学説とみなされ、宗教界との間に一大論争が巻き起こったのである。

20世紀半ばの1948年に至って、ローマ法皇ピウス12世がようやく「『創世記』は寓話である」という声明を発表し、進化論についての宗教界との論争は、進化論の勝利に終わったことが示されたわけである。

このように宗教側を屈服させるほど強く信じられたダーウィンの進化論も、詳しく研究してみると種々の点で不整合や欠点が指摘され、いろいろな進化論が提出されるようになった。わが国の今西錦司氏の有名な『棲み分け理論』もその一つである。しかし、ここでは各種の進化論には立ち入らない。

ここでは「生存競争」を進化の原動力とみなすダーウィン進化論の根本的な考え方――多くの

科学者や一般の大多数もその考え方に同調している——が進化の実際を説明するものとして妥当かどうかということに焦点を当てて検討しようと思う。

さて、生存競争が進化の機縁となることは否定しがたい事実だとは思うが、生物進化の実態は競争よりもむしろ生物同士の共生、助け合いが基本であり、共生によって生物が飛躍的に進化して新たな種が誕生し、安定した生存が可能になっていることを、生物学的な知見は示しているように見える。

北極や南極の酷寒の地でも、灼熱の砂漠でも生き続け、また摂氏マイナス183度の液体酸素に入れられても、あるいは数年間真空状態におかれても生き延びてきた生きものがある。それは「地衣類」と呼ばれる生物だ。地衣類は岩や樹皮などで見られるありふれた生きものであり、知られているだけでも1万5千種以上もあるといわれる。

それは自立した単独の生物ではなく、菌類、藻類と呼ばれる二種類の植物の共生体である。菌類は葉緑素をもつ藻類を取り巻き、水と共に吸収した無機塩類を藻類に送り、藻類は光合成によって自ら作った有機物を菌類に分けて共同生活をしている。両者いずれもが単独では生存できないような過酷な環境に適応している。事実、パートナーの一方の菌類は藻類の作る食物にまったく依存していて、単独には自然界のどこにも存在しえない。藻類のほうは単独でも生きられ、今でもそうしているものもあるが、今述べたような関係から、パートナーから多大の恩恵を受けており、輻射、乾燥、機械的損傷といったものから免れている。両者が一緒にいると見事な活力を発揮し、裸の岩にへばりついて、２０００年以上も群生しているものもある。
このように、生物同士が共生によって互いに利益を受け、よりよき生存が保障されている事例はたくさんあるが、この共生ということは、生物の繁栄と進化に深く関わっていることが知られている。

進化がどのようにして生ずるか、その科学的メカニズムを明らかにしたのは、周知のようにチャールズ・ダーウィンであるが、進化論上、生物界の最も根本的な断層は、原核生物である細菌と、藻類・原生動物・粘菌・動物・植物などの真核生物との間に存在する。細菌核をもたない原核生物と核のある真核生物の差は、動物と植物の差よりもずっと大きいというのが専門家の一致した意見である。

真核生物の細胞は核膜で囲まれた核をもち、さらに葉緑体、ミトコンドリア、鞭毛、繊毛などの細胞小器官をもっている。それに対して、原核細胞はひどく単純だ。地球上に生命が誕生してから20億年もの間は、すべての生物は原核細胞のバクテリア（細菌）状の生物だけだったとみなされている。

では、どうして単純な原核細胞から複雑な真核細胞が進化してきたのかという疑問が生じる。ダーウィン流の進化論の常識では、細胞の膜などが変化、進化して細胞内小器官が生じ、真核細胞が成立するという「内生説」が有力であった。ところが１９６０年代になると、細胞内小器官の代表であるミトコンドリアと葉緑体は、細胞の核にあるＤＮＡとは別に、それ独自のＤＮＡをもっていることが明らかになった。このことから、細胞内小器官は外来の原核細胞であるバクテリアに由来するものだという「共生説」が有力となり、現在では共生説が生物学の定説とみなされているようだ。

このようなまったく違う細胞同士の合体による新しい細胞の誕生ということはこれまでの進化理論からは想定外のことであり、自然界における最初の生物の誕生を第一の奇跡とすれば、これは第二の奇跡といわれる。人類もこの第二の奇跡なしには、この世に存在しえなかったわけである。

「共生説」を理論的に体系づけたのはボストン大学の女性生物学者リン・マーグリスで、彼女がミトコンドリアや葉緑体がもともと自由生活者の原核生活者であることを示唆して以来、これら細胞内小器官についての分子生物学者の研究結果は、ことごとくこの共生説の妥当なことを支持しているという。

地球に酸素が少ないときには、酸素のいらない嫌気性のバクテリアの天下だった。やがて、藍藻が誕生して大気中に酸素を放出するようになると、嫌気性バクテリアは次第に生活しにくくなる。そんな時突然、嫌気性バクテリアの細胞の中に好気性バクテリアが取り込まれ共生が始まる。共生した両者は、互いに助け合い利用し合うことによって、より大きなエネルギーを獲得するようになる。その結果、相互の依存性が高くなり、嫌気性バクテリアに取り込まれた好気性バクテリアは嫌気性バクテリアの細胞内小器官としてのミトコンドリアになる。こうして、アメーバに似た新しい生物が地球に誕生する。

このアメーバのような細胞は、さらに新たな共生相手を取り込む。紐のような形をしたスピロヘータの仲間との共生によって鞭状の繊毛を手に入れ運動能力をもったカビや動物の細胞へと進化する。一方アメーバのような細胞に藍藻が共生することによって、葉緑体をもった植物の細胞が形成される。このように、動物と植物の差は、取り込み共生した生物の違いによることが示唆されている。

ここで多少横道にそれるかもしれないが、次章の問題にも絡んでいるので、その視点から共生の問題に少し触れておきたい。真核生物発生に関する異種の生物同士の共生の学説は、自然の摂理の不思議さというか、秘められた宇宙の意志というか、何か目に見えない大いなるものの意志を感じさせる。生物発生の第二の奇跡と言われる真核生物の誕生なしには、我々人類の存在はありえなかったわけであるが、その人類成立の端緒となったのは、嫌気性バクテリアにとって有害な毒ガスとなる酸素が、藍藻の発生により大気中に放出されたことである。もし酸素の放出がなければ、おそらく嫌気性バクテリアはバクテリアのままで、藍藻は藍藻のままで互いに独立して、以前と同じく別々に生活して、おそらく合一し、共生することはなかったであろう。そうすると、真核生物の発生はなく、当然人類の成立もありえなかったと思われる。

ではどうして十数億年も前に有害な酸素が放出されたのだろう。それが問われると思う。それはたまたま偶然に藍藻が発生し酸素が放出されたからだという説明は十分可能である。しかし、我々は偶然に頼るそんな説明では満足できない。というのは、次章で生命の起源を探り、生命は地球上に偶然に物質から自然発生したと科学者は主張するが、そうではなく最初から自然内に存在していた生命的、心的実在が生命、生物の始源者であり、その始源者は自然を体とするものであり、自らの体であるその自然を支配しコントロールするのだ。そのような生命の始源者をわれわれはかなり確かな根拠に基づいて想定できると思うからである。

そういう視点から、真核生物の誕生の仕方を見ると、自然、宇宙に意志があって、原核細胞を真核細胞へと進化させ、ついには人間が誕生する方向につまり人間を頂点とする現在のごとき多様な生物に進化する方向に導いたのではないかと想定できると思う。この点、次章での記述も参照しながら、読者の皆さんもよく考えていただければと願っている。とにかく進化の実態は謎だらけである。

ところで、真核生物に進化した後も多分何回かの重要な共生の進化があり、その後に大きな適応放散が起き、多種類の生物が誕生したといわれる。例えば陸上植物の起源は、水生の藻類と菌類との共生から、さらに樹木などの大型植物の起源は、小型陸上植物と松茸の菌などの菌根菌との共生から進化したと考えられているようだ。

植物の汁を吸う吸汁性昆虫が多種類生じたのは、昆虫が自分に代わって栄養物を分解してくれるバクテリアなどの微生物を共生者として獲得した後のことである。寄生バクテリアはウィルスを味方に引き入れ大成功を収めたし、牛などの大型草食動物も植物の固い繊維の消化を助ける微生物を大量に胃の中に飼えるようになってから、新しい多くの種が発生、進化している。

現在、およそ140万種の生物に学名が与えられているが、実際には1000万種から1億種の生物が地球上に存在すると考えられている。なぜこんなにも多くの種が出現したのであろうか。最近特に生物進化の歴史上、異種の生物との共生が生物多様性の産出に果たした役割が強調され、共生が生物の進化多様性の重要な要因となったことが指摘されている。

『進化論が変わる』（中原英臣・佐川峻著、講談社ブルーバックス）において、細胞内共生に関する面白い実験が紹介されているので、その一つを見てみよう。

「1966年アメリカのテネシース大学の動物学者クワン・ジェオンは、培養していたアメーバに誤ってバクテリアを感染させてしまった。この不運はやがて思いもかけないような結果をもたらした。このアメーバに感染したバクテリアは、アメーバの体内で増殖してアメーバを殺してしまった。しかし中にはバクテリアに殺されないアメーバがいた。その生き残ったアメーバを培養したところ、やがてバクテリアとアメーバが共存できるようになった。しかもバクテリアはアメーバが分裂した後も、分裂した二つのアメーバの中で存在し続けた。まさにアメーバとバクテリアの共生が始まったのである。

ジェオンがこの共生について詳しく調べた結果、このバクテリアが死ぬとアメーバも一緒に死んでいくことがわかった。そこでバクテリアがいなくても生きていけるアメーバの核をバクテリアと共生中のアメーバに移植する（核を入れ替える）と、数世代後にはそのアメーバはバクテリアなしには生きていけなくなった」

このことの意味についてはまだ不明な点もあるようだが、共生がアメーバの核すなわち遺伝子に不可逆的な影響を与えることを示唆していると考えられる。つまりバクテリアとの共生によってアメーバが遺伝的な変異を受け、その結果、バクテリアなしには生きられぬような新種のアメーバが出現するに至ったと思われる。

以上見てきたように、生物進化の実態はどうやら広く信じられているような生物間の生存競争というよりも、異種の生物との共生ということが基本であって、共生によって多様な生物が進化発展してきたという説は、事実に即して科学的に信頼できる有力な仮説だということが是認されると思う。

ここで共生の実例をいくつか挙げてみよう。シロアリは木材を食べるが、もともと食べた木材を消化する能力はない。シロアリは木材の成分であるセルロースやリグニンを分解する酵素がつくれないからだ。しかし、シロアリの体内には、何百万というバクテリアがいて、そのバクテリアが木材を消化している。バクテリアは木材を栄養としているが、シロアリもバクテリアが分解したものを栄養にしている。さらに、シロアリの腸管内には生きていくのに必要な窒素をシロアリが利用しやすい化合物に変えてくれるバクテリアも多数棲《す》んでいる。

サンゴには褐虫藻という鞭毛藻類が共生している。この藻類を獲得することによって、サンゴは動物でありながら、植物のような生活ができるようになった。鞭毛藻類はサンゴのポリプの透明な細胞の中に棲む。共生者の貢献は大きく、必要とするエネルギーの60%以上を共生者から得ているサンゴもある。共生者の光合成は、炭酸カルシウムの生産をも高めてサンゴの骨格の成長を促す。その代わり、サンゴは棲み場所と共生者の成長に必要な窒素やリンの栄養を与えている。サンゴの成長はポリプの出芽によって起こるので、その時共生者も新しいポリプに移ることができる。繁殖の時にはサンゴ礁の多くがある決まった日に一斉に放卵、放精する。この時卵が共生者をもって行く種と、もって行かない種がある。後者の場合には、幼生が定着した後、どこかの段階で共生者を再び獲得しなければならない。

イチジクとイチジクコバチの共生は、互いに利益を与え合う関係の好例として有名である。人間が食べているイチジクの実は、本当は集合花である。「実」の中で最初にメス花が咲き、次にオス花が咲く。イチジクコバチのメスは、メス花が咲いている時だけ、実の先端に開いた穴から実の中に潜り込むことができる。花のメシベには長いものと短いものがあり、ハチは産卵管の長さの都合で短いメシベの子房にしか産卵できない。この時ハチは、他のイチジクの実から胸の花粒ポケットに入れてもってきた花粒を、長いほうのメシベにつける。産卵が終わったメスバチは実の中で死ぬ。ハチの幼虫は子房を食べて成長し、オス、メスの順で羽化する。オスは交尾が終わると、実に穴を開けて外で死亡する。花粒ポケットに花粒をつめたメスは、オスの開けた穴を通って実から出て行く。この事例において、イチジクは子房の一部をハチの食用として準備していることといい、またハチが花粒をつめるための専用ポケットをもっていることといい、両者の協力関係の親密さは、驚くばかりである。

このように、異種生物間の助け合う共生関係が、生物の進化と繁栄に多大の貢献をしていることは否定できない事実といえるであろう。この共生関係がなければ、現在のような生物の進化と繁栄は期待できにくく人間への進化も不可能だと思われる。

ここで人体における各細胞、各組織、各器官の相互関係の実際に少し触れておこう。からだは栄養物の摂取、同化などの科学的な代謝の過程で老廃物や異化作用による廃物を組織や器官から排出する。それらは局部的な体液（環境液）の中に蓄積され、そこでは細胞が生存できないような状況になりがちである。それで、リンパ液と血液が速やかに循環して、組織によって消費された栄養分を補充し、老廃物を除去することができる装置、システムが必要となる。循環している体液の量は、器官の容量に比べると非常に少ない。人間の血液の重量は、全体量の1／10にも満たない。しかし、生きている組織は大量の酸素とブドウ糖を消費する。そして他面、その組織は多量の二酸化炭素、乳酸、塩酸、燐酸を内部の環境液の中に放出する。もし生きている組織の一断片をフラスコの中で培養するには、それ自身の2千倍に相当する液体を与えないと、組織は数日でその老廃物にやられてしまう。さらに、環境液の少なくとも10倍にあたるガス状の大気が必要といわれる。したがって、人間のからだをどろどろにして試験管の中で培養するには、約20万リットルの培養液が必要になるだろう。我々の組織がわずか6、7リットルの液体で生きていられるのは、心臓などの血液の循環器が素晴しく完全であるのと、栄養分が豊かであるのと、絶えず老廃物を除去していることによる。その仕組み、システムが完全で、かつ心臓を始めとする循環器やそれらを構成している各細胞、各組織が、昼夜怠ることなく助け合い血液の循環に十分に協力しているため、わずかの血液でからだの各組織、各細胞の生存、活動が支えられ、可能になっていることが理解されると思う。つまり生体の各細胞、各組織は他のものを傷つけることなく共存し、見事な助け合いを実践していることが分かる。

いのちの働きに見る「個」と「全体」

○免疫系

ご承知のように、我々人間には免疫の働きがある。外から病原菌や異物が侵入した時、それらを巧みに処理して個体を守ろうとする生体の仕組み、それが免疫の働きである。いうなれば、免疫系はからだの中に張り巡らされた防衛網である。細菌やウィルスなどの病気を起こす微生物、花粒やダニなどの異物、自分のうちに発生したガン細胞や変異細胞、さらに輸血された型の違う血球や移植された臓器など、あらゆる「自己」ならざるものが侵入してきた場合に、それらを「非自己」として排除する。このように、異物から個体を守る大事な働きをしているのが免疫系であるが、その仕組みはどうなっているのであろうか。これについては免疫学の権威である安保徹氏の『免疫革命』を参照しながら探ってみよう。

我々のからだはいろいろの細胞からできているが、ほとんどの細胞はもともともっていた多様な能力の多くを封印して、ごく一部の能力だけを使って仕事をしている。腸の細胞は吸収する能力、神経細胞は情報を伝達する能力、生殖細胞は精子や卵子をつくる能力というように、それぞれの細胞の使っている能力は、非常に偏り、特化している。ところが、からだの中には、機能上の偏りを起こさないまま単細胞生物時代だった時と同じように多面的な働きをしているアメーバのような細胞が残っている。それが免疫に関わる細胞である。

アメーバは、自分で動くし、栄養も取るし、異物が入ってきたらそれを消化したり、消化できなければ吐き出したり、生体の行うありとあらゆる活動をたった一つの細胞で行っている。そういう原初的自主的な細胞が、我々のからだに今も残っている。それが白血球といわれる細胞である。

白血球はマクロファージ、顆粒球、リンパ球の三種類に分けることができるが、実は顆粒球とリンパ球はマクロファージを元にして生まれたもので、免疫をつかさどる白血球の元はマクロファージなのだ。実は、白血球だけでなく、他の血球細胞である赤血球も血小板も、また血管さえ、マクロファージから進化したものである。血管内皮細胞もマクロファージと同じように、異物を飲み込む性質が残っており、血液の中に墨汁などを入れると、それを飲み込み血液中からきちんと排除する。

マクロファージは、アメーバと同じで、異物をそのまま貪欲に飲み込んで処理する「貪食性」という機能をもともともっている。しかし、生物が進化するにつれて、生物の仕組みも複雑になり、処理しなければない異物が多様になったので、生体を守る細胞の役割を分担させるようになった。基本のマクロファージはそのまま残ったが、その貪食能を強めた顆粒球と、貪食能を退化させた免疫をつかさどるリンパ球とができてきた。

好中球などの顆粒球は、細菌などの大きい異物を食べるだけ食べて自らは死んでいく。化膿した傷口から取られた膿を顕微鏡で観察すると、化膿菌と好中球などの死骸が検出されるという。ところで、生体の異物は細菌のような大きな粒子だけでなく、もっと粒子の小さいウィルス、細菌の出す毒素、消化酵素で分解された異種タンパク、花粉、ダニの死骸など、また微生物で分解された果ての粒子など微細な異物を処理しなければならない。こうした異物はあまりにも小さく、マクロファージの飲み込む働きが誘発されない。それで今度は、飲み込むのではなく、接着させて異物をとらえることのできる働きを遂行する形に進化した白血球がリンパ球である。

リンパ球は、対応する抗原が侵入するまで休んでいるだけだが、抗原が入り込んだことを察知すると、目を覚まし分裂して自分のクローンをつくりながら細胞内小器官も作り出して抗原に対応する。1つのリンパ球は10回くらい細胞分裂をするので、戦う時には千倍の数のリンパ球が準備されることになる。休んでいるリンパ球は抗原が入ってきたことをどうやって知るかといえば、サイトカインという生体内活性物質の働きによることが分かっている。白血球のすべてではサイトカインを出すが、一番基本的なパターンではマクロファージが出す。体内のどこかに抗原が侵入して炎症が起こるとマクロファージはその抗原の性質を見分けて、それに対応する種類のサイトカインを出し、他の白血球、つまりリンパ球や顆粒球菌に指令を出す。指令の内容によって細菌性なら顆粒球菌が、ウィルス性ならリンパ球が駆けつけて抗原と戦う。この場合、休んでいるリンパ球のすべてが出動するのではなく、抗原の種類に対応するタンパク質（抗体）をもっているリンパ球だけが目覚め、どんどん増えるだけで、それ以外のリンパ球は休んだままである。

リンパ球と抗原との戦いが終わった後、残った組織の残骸を片付けなければならないが、それをするのもマクロファージである。見事な連係プレーである。マクロファージは免疫系細胞の原型であり、最初の司令塔役も、最後の片付け役をも担った免疫系の、いわば親分、ボスである。我々はマクロファージをボスとする免疫系の見事な連係プレーによって、死をもたらすかもしれない抗原からの攻撃は免れており、改めて生体の仕組み、いのちの働きの玄妙さに驚く。

○アポトーシス

多くの人にとって、最も大切なことはできるだけ長寿を保ち、健康で幸せな生活を送ることではないだろうか。つまり、生きる時間の長さとその内実が豊かで勝れていることが、現代人にとっては肝心なことで、その実現のため現代人は毎日あくせく生活しているように見える。その生の対極となる死の問題は敬遠され、生活の主題になることは少ないようだ。しかし、人はいつか必ず死ぬし、からだの細胞も毎秒５０００万個ほど死滅し入れ替わっている。体内では、生と死のドラマが絶え間なく繰り返され、われわれは確実に死に向かって歩んでいる。それで人間にとって「生」に劣らず「死」の問題は重要で避けて通れない問題である。ここでは、細胞の死、それも「アポトーシス」といわれる死について少し考えてみよう。

火傷《やけど》などをすると、その細胞は壊死《えし》し、また寿命がくれば細胞は自然死する。壊死でも自然死でもなく、自ら死んでいく「アポトーシス」といわれる死が細胞に見られ注目されている。それは細胞自らが死のプログラムを発動させて能動的に自殺していくという現象である。例えば、オタマジャクシがカエルになる時、尾が失われるのは、尾の細胞が遺伝的なプログラムを発動させて自ら死んでいくからである。落葉植物の葉が秋に落ちるのも風などの外力のせいではなく、葉柄の細胞がアポトーシスのため、自死するからだということが分かっている。その際、葉に含まれていた栄養分はすべて樹木本体のほうへ移動しているので、葉には養分は残っていない。それで落葉は虫も他の動物も食べない。ここにも生命体の効率的な見事な摂理が見られる。

劇的なアポトーシスの例は、芋虫や蛾《が》の幼虫が蝶《ちょう》や蛾の成虫へと変身する場合だ。ノロノロと這い回っていたオオカバマダラの幼虫が蛹《さなぎ》の中で衣替えをし、1時間に30キロメートルあまり飛べる蝶に変身する。蛹の中では狂乱的な出来事が次々に生じている。幼虫の肢も口も筋肉もすべて溶けてドロドロになり、そこから幼虫とは似ても似つかぬ蝶がつくり出されるのだ。この幼虫体の破壊において細胞のアポトーシスが遂行されるが、成体（蝶）の創造においても、最初から出来上がりの形になっているのではない。まず始めに大雑把な形が作られ、その後外側の不要な細胞がアポトーシスし、切り取られるようにして仕上げが行われるという。

このようなからだのつくり方は、我々のからだでも見られる。手の発生の場合、丸い芋状の組織の中に指骨が形成されていくが、そのうち指骨間の細胞が死んでいき、5本の指が形成される。

男女の性別は、受精の瞬間に決定される。ヒトの染色体23対のうち1対だけが男と女では違い、男はXY、女はXXの対になっている。しかし、この「男」が男として生まれるかどうかは、Y染色体があるだけでは十分ではない。男性生殖器の輸精管の大もとになるウォルフ管は、男性ホルモンのテストテロンの分泌の影響で発達するが、その時、女性生殖器の輸卵管の大もとであるミュラー管がアポトーシスによって退縮するという過程が絶対に必要である。ミュラー管の細胞が死ぬという過程がなければ男性生殖器は完成しない。それに対し、ミュラー管のほうはウォルフ管が死ななくても自然に発生して輸卵管を作るので、ミュラー管にアポトーシスが起こらなければ、人間はみんな女、あるいは両性具有者になってしまう。

この意味で、生物学的には男女両性は、対等・平等ではなく、哺乳類の基本は雌（女）であり、雄（男）は、雌（女）から特殊化して発生してきたものと考えられている。このことは、男女平等を考える場合、無視できない生物学的視点だと思う。

なお、これとは別に興味あるアポトーシスの例がある。それは神経系ができることに関係している。動物の脊髄の左右に「脊髄神経節」と呼ばれる神経細胞の塊が何対かあって行儀よく並んでいる。この神経細胞から神経線維が伸びて、腕や足の筋肉に入っていく。この場合、どの神経節の細胞から伸びた線維が、どこの筋肉に入るかは決まっている。このように配線が一定化していることによって、動物の調和の取れたからだの動きが可能になると考えられている。ところが、何かの原因で正しい目的地に辿りつけなかった神経線維はどうなるのかといえば、それは何と自ら死んでしまうのである。

以上観察してきたように、からだの各細胞、各組織、各器官は、互いに協力して、場合によっては自ら死んで、それぞれ個体の保持、ひいては種の保持の実現のために働いている。そして、個体全体はそれぞれの細胞や組織、器官が必要とする酸素や栄養分を補給するし、損傷した局所を修繕する。からだを一つの社会とすれば、その一つ一つ（一人一人）の細胞（メンバー）は、個体（社会）全体のために働き、また個体全体（社会）は一つ一つ（一人一人）の細胞のために働くという理想的な助け合いの組織、システムが実現している。これは架空の絵空事ではない。現実のことである。実際にその助け合いのシステムが機能しているからこそ、物理的、化学的にはごく脆《もろ》い壊れやすい60兆個もの細胞の集団である我々の個体が、長い場合には、百年を超える長寿を保つことも稀ではない。そして、その理想的な個体を形成し支えているのは、いのちである。いのちを失えば、からだは直ちに機能を失い、崩壊し腐敗して元の大地の塵《ちり》に還るだけである。

そして前著において、このいのちこそ人間そのものであり、「私」といわれる当のものであり、「心」と同じものであることを明らかにした。そのいのちが、与えられた自然との関わりにおいて、具体的実際的にどのように働いているかを見てきた。それがからだ形成におけるいのちの働きであり、そのいのちの働きによって形成されたからだが、自然に適応して見事な助け合いの社会システムを作り上げたのである。社会における個と全体、国民と国家、プライベートとオフィシャルなど「公―私」の関係をどう考えるべきかという人類社会の長年の課題を解決した原型手本を、私たちは自らのからだにおけるいのちの働きに見ることができる。

○ガン細胞について

なおここで、このような助け合いに反逆するガン細胞について少し触れておく。ガン腫瘍《しゅよう》での死亡者の数は、他の病因によるものと比べ断然多くトップで最も恐れられている病気の一つである。ガン腫瘍はガン細胞の増殖に起因するが、この細胞がどんな細胞であるかを見てみよう。

正常な細胞は正常な組織の一員として、生体のホメオスターシス（恒常性）を保つように増殖して、個体全体の機能が発揮できるように分化する。しかし、ガン細胞は、そのような宿主のホメオスターシスに支配されず、自律性をもって増殖する。そのため組織を破壊し、遠くの臓器にまで転移し、遂には宿主を死に至らせる。ガン細胞のこのような性質は、細胞の正常性を維持するための遺伝子に突然変異が生じたためと考えられている。

ガン細胞を生体外に移して培養した場合、一般に次のような特性を示す。

（1）正常細胞は培養器に移した時、一定期間増殖した後死滅するが、ガン細胞は永遠に増殖する。

（2）正常細胞は細胞同士の接触によって細胞運動、増殖が抑制されるが、ガン細胞は重なり合って増殖する。〈『生物学辞典』（岩波書店）より〉

ここに見られるのは、ガン細胞の異常な増殖能力である。がん細胞は増殖のために生体全体からそれに必要な栄養物、酸素などの供給を受けるが、それにもかかわらず自らはその養い主である生体の保持、安定のためのホメオスターシスの支配を受けず、ただ恣《ほしいまま》にどこまでも増殖、転移して、遂には生体を死に至らせ、結局は自らも滅んでしまう。

このような異端児であるガン細胞について、どう考えたらよいだろうか。ガン細胞が一定以上増殖すれば、それは生体にとって「死に至る病」なので、生体は免疫系やその他のからだの機構を使ってそれの抑制に全力を尽くす。しかし、ガン細胞はもともとは自己の正常細胞の異変から生じたため、「非自己」とみなされにくいので、免疫系の働きも効果をあげにくいようだ。

しかし、悲観する必要はないだろう。今述べたように、ガン細胞はもともと正常細胞であったものが変質したものであるから、何かの影響かが与えられると、元の正常細胞に戻る可能性は失われてはいないのではないかと考えられるからである。事実、マウスの初期胚と奇形ガン腫細胞とを合一させて、キメラ・マウスをつくる実験がある。そのキメラ・マウスの体内にはガンらしい細胞はもはや存在しないことが分かった。奇形ガン腫細胞は全部分化して正常化し、胚の側の細胞とよく調和して、キメラ・マウスの体づくりに参加していることが判明した。これは奇形ガン腫細胞が胚の側の正常細胞と接触し、その影響を受けて正常化したと考えられる。

もちろんこのような正常化がガン細胞全般にわたって可能かどうかは、まだ実験的には確かめられてはいないようだ。しかし、1例でも実例があれば、ガン細胞も正常化の可能な性質、つまり正常細胞の性質を潜在的にしろ、何らかの意味で保有していることを示唆していることは明らかだと思われる。医学、生理学、生物学などの今後の研究を待ちたい。

ガン細胞正常化の可能性が認められるという事実は、重要な意味があると我々は考える。それはいのちの働き、その本性について大事な視点を提供するからである。体内の各細胞は1個の受精卵の分裂、分化により誕生し、元の1個のいのちを分有しているので、たとえそれぞれ自由に自律的に活動しているとしても、全体性、全能性を保有する元のいのちにつながり、そのホメオスタシスの働き、指示に従うよう活動している。これが正常な細胞の働きであり、ほとんどの細胞はそうである。けれども、ガン細胞は遺伝子の突然変異によるにせよ、他の原因にせよ、全体性、全能性をもつ元のいのちから離れ、それとは独立に恣《ほしいまま》に無制限に自己増殖し、個体全体を死に至らしめる。すなわちガン細胞は周囲との関わりを遮断《しゃだん》して蛸壺《たこつぼ》生活に入り自己だけの増殖、繁栄に没頭し、全体、周囲を苦しめる。それがガン細胞の正体である。しかしそうであっても、全体と生命的につながっており、全体から生きるに必要な栄養分が与えられ、それから保護されていることは正常細胞と変わりはない。だから、何らかの原因、理由から、その全体とのつながりに気付き、それにつながりさえすれば、ガン細胞が正常化するのはごく自然的であろう。その実例が上記の実験である。そしてこの実例は、いのちの本性がもともと全体のため、他のために働く、利他的であることを示し、自己だけのために働くというのは、一時的、第二次的なものであって、いつでもその本性に立ち返れるものだということを示唆していると思う。

ここで一言付け加えると、遺伝子は利己的で人間はその利己的な遺伝子に操られた乗り物に過ぎないという、リチャード・ドーキンスの科学説が一般社会にも受け入れられているようだが、こんな考えはまったくの誤りであることは、前著で明言した通りである。遺伝子そのものは遺伝情報を与えるだけで、それをいつ、どこで、どれほど使うのかを決めるのはいのちそのものである。つまり、いのちが具合よく巧みに遺伝子を操り生体の形成と保持、並びに種の保持に実際に成功しているのだ。そして、このいのちの関与、働きなしでは遺伝子自身は、生体の形成にも、その活動にも、何の関与もしえない紙切れ同様のものであることを知らなければならない。遺伝子を働かせ生かすのはいのちそのものであることを、重ねて指摘しておきたい。

いのちの働きに合致した日本文明

以上、生物、いのちの働きを①自然とのかかわり②生物同士とのかかわり③生体内の細胞や組織、器官などの相互のかかわりの三分野にわたって探ってきた。

①については、いのちは太陽や地球、月などの運動変化に対応してリズムを刻む時計機構を体内に作り上げ、そのリズムに基づいて自らの生理システムを自然に適応するようにコントロール・支配し、活動している。その結果、生物は自然の摂理に合致する活動が可能になり、自然の恵み

とその恩恵を受けることができ、厳しい自然条件下で何十億年も生き続けられてきたのである。

②については、他の生物との共生によって進化が起こり、新たな種が発生することが、いろいろな科学的研究によって確認、あるいは推定されている。そしてまた、他の生物との共生によって単独の時とは比べることのできないほど大きな利益を獲得したのである。その事例はさきに述べたように数多くあるが、樹皮や岩などにへばりついて、過酷な条件下でも生きながらえている地衣類――菌類と藻類の共生体――を見れば、それだけでも共生が生物にとっていかに有利かということが納得いくであろう。

このように生物は共生によって多様に進化発展するとともに、単独で活動していた時よりもずっと安定した生活と繁栄が確保されていることは明らかだと思う。

③については、各細胞、各組織の見事な協力、助け合いによって、脆《もろ》く壊れやすい生体が保持されていることが見取れる。そして各細胞、各組織と個体全体との関係は、さきにも述べたように「個」と「全体」との関係の原型であり、モデルだとみなすことができるであろう。個は全体のためには、ある場合にはいのちを惜しまず、アポトーシスに見られるように、自ら死んで全体のよりよき生存に貢献する。また全体はそれに応えて、個の生存に不可欠な酸素や栄養物を昼夜絶え間なく送り続けるが、それだけでなく老廃物を排除して、個の環境整備のため全力を尽くす。

このような個と全体の相互扶助、助け合いによって、個も全体も共に利益を得て助かり、結果的に自利と利他が円満するという道徳倫理の理想的な状況が生体に実現していることが分かる。

これら三分野におけるいのちの働きの見取りによって、いのちの働き、その本性が明らかになったと思う。すなわち、いのちは①時計機構に見られるように自然の変化運動、その摂理に素直に響動、共鳴するという一つの心の働き、本性をもっている。さらに、②共存し互いに助け合うという本性、働きがある。

このいのちの本性の見取りから明らかなことは、第2章で示したように、日本文明がまさにいのちの本性、働きに合致する内実を備えた素晴らしい普遍的文明だということである。これについて、少し触れておこう。

日本文明の根幹は自然崇拝である。太陽や月、山や川、岩、樹木や森などに畏《おそ》るべき力のあるもの、神が宿ると信じ、それを畏敬《いけい》し、その恵みをひたすら願うというのが自然崇拝でありアニミズムの精神である。これは自然と一つとなって自然に無条件に素直に従い生きるということである。イザナギ、イザナミの国生みの際、蛭子《ひるこ》が生まれたのは、女がさきに声をかけたからではないかと考え、天に昇って神意を伺った結果、そうであることが示され、男がさきに声をかけるよう教えられた。神の指示通りに男がさきに声をかけて契りを交わしたところ、立派な国々が生まれたことが語られている。

これは、イザナギ、イザナミの両神が国を生むというような大業に際して、我意を張らず天の神の思し召しに素直に従ったことが示されており興味深い。この物語では、ものごとを成す場合の原理・原則が教えられている。すなわち何かをする場合、重要なことは神意、自然の摂理に従うべしということで、人間の我意や単なる思いつきは退けられねばならないという原則が示されていると我々は理解する。

この点、わが国の神話はまことにユニークで、しかもさきに示した自然にそのまま素直に従うといういのちの働き、その本性に合致した素晴らしい普遍的な価値をもつ文明だと我々は考えている。それに対しユダヤ教、キリスト教の神話は、最初の人間アダムとイブが神の戒《いまし》めに背いたところから人間の歴史が始まっている。神意に従うか否か、わずかな違いともいえるが、それが日本文明と西欧キリスト教文明の決定的な相違点であることを指摘したい。

それは、山の尾根に降った雨がわずか数センチの違いで太平洋に流れるか、日本海に至るかほどの大きな差異となって現れる。事実、それからの両文明の流れは対照的である。西欧文明では人間優位となり、自然は人間に征服され利用されるだけの存在とみなされ、深刻な環境破壊への道を突き進んだ。これに対し日本文明は、縄文以来、鎮守の森に見られるように自然を守りそこに座します神々を祀《まつ》ってきた。そして事実、わが国は文明国では珍しく山や野は緑に満ちている。日本の伝統行事は神事に由来することが多いが、相撲もその一つである。相撲はもともと神への奉納であり、鎮守の神の祭りでは相撲が奉納され見物客で賑わう。モンゴル出身の横綱・朝青龍に対する出場停止などの処分も、国技である相撲の伝統に対する彼の無知あるいは無視に対するお灸である。朝青龍は目に見えない日本の伝統という〝虎の尾〟を踏んだのである。

共生、助け合いに関しては大国主命《おおくにぬしのみこと》の国譲りに見られるように、天つ神、天皇側は国つ神側を排除、抹殺することなく「天下無双の大廈《たいか》」を建てて大国主命を祀ったのである。そして宮中三殿のうちの神殿では国つ神系の八百万の神々が奉斉《ほうさい》され、その神事が執り行われている。このような例は宮中だけでなく各地の神社でも見られるが、ここでは宇佐八幡宮を取り上げてみよう。

奈良時代の聖武天皇の御世までは蝦夷《えぞ》や隼人《はやと》の叛乱がしきりに起こりてこずっていた朝廷は、宇佐の神軍に命じて隼人族を鎮圧させた。この時、八幡宮は官軍の御霊の慰霊供養だけでなく、殺した敵方の隼人の御霊をも斉《ひとし》く祀って手厚く慰霊供養した。また隼人族の一刻も早い再興を願って、生きものを放ちやる「放生会《ほうじょうえ》」を行なった。これが、今日各地で行なわれている放生会の始まりである。それ以後、蝦夷や隼人の叛乱はなくなったといわれる。そして八幡宮の境外末社である「百体神社」には討ち取られた隼人の御霊が祀られ、毎年8月には15日間も細男《さいのお》舞楽が奏され、丁重に隼人の御霊の慰霊の神事が行なわれている。

このような敵・味方を区別せず共に祀るという伝統は、日本各地で見られる。例えば壱岐国一の宮である天手長男神社をはじめ、全国68ケ国「一の宮」において元寇から七百数十年を経て、その戦いにおいて亡くなった敵・味方双方の慰霊供養のため「元寇の役敵味方鎮魂平和祈願祭」が執行された。また比叡山延暦寺では叡山焼き討ちの際、殉教した二千人余りの僧侶の御霊ばかりか、信長及び攻め込んだ信長軍の戦死者の御霊も追善供養がなされている。

このように敵を抹殺するのではなく、敵・味方双方の霊を共に祀るという共生の伝統は、日本の異文明取り入れにも見事に生かされ、日本文明を豊かなものにしている。このことは多くの識者も指摘し、我々も触れたので繰り返さない。いずれにしても、これは日本人の天性のようなもので、異文化、異端を受け入れ、それを生かし自らの文明を豊かにしていくという共生の伝統は、世界史上例を見ないものだ。

そしてこのような寛容性に富む日本文明は、互いに正義を掲げて世界各地で殺戮《さつりく》を繰り返し、超大国アメリカの軍事力・経済力をもってしても泥沼化するばかりの世界情勢においては、お手本となる貴重な文明といえるであろう。「和を重んじ」相手の長所を受け入れ生かすという共生の文明である「日本文明」の出番がきたのである。その意味で21世紀は、日本の世紀となることが期待されるのではないだろうか。

第4章

新たな文明論成立の礎となる生命論的人間論

いのちはどこから生まれたのか

前章で自然との関わりにおいて、いのちがどのように働いているかということを、からだの仕組みやその働きを通じて生命科学の知見に即して客観的、具体的に観察してきた。いのちは自然に従い自然に適応しながら互いに支え合い助け合うシステムとしてのからだをつくり上げ、共生によって厳しい環境に対応して数十億年も生き抜いてきたことを大まかながら見てきた。そこで本章ではそのいのちが何を起源として生じてきたのかということを探り、新たな文明論成立の礎《いしずえ》となる生命論的人間論を前章での論述に引き続き展開する。いのちの起源については、はるか古代から多くの神話や宗教、哲学などで説かれ、今なお語り継がれている。現代科学もそれに取り組み、それなりの解答を用意している。けれども、いのちの起源が明らかとなり確定的な答が出されたと信じる人は、専門家も一般の人々もそれほど多いとは思えない。多くの人々は、それらの解答はそれとして一応評価しても、それだけでは十分ではなく、いのちの起源には解き明かされざる謎が残っており、21世紀の現在でも未解決のままだと感じているのではなかろうか。

本章では、この問題に取り組み、いのちの本性に迫りたいと思う。というのは、前章で自然と関わりながらからだを形成し保持しているいのちの性質は、ある程度明らかになったと思うが、しかし、そのいのちの起源は何か、いのちは何に由来し、どこからきたのかといういのちの出自が不明のままでは「一体全体、いのちとは何ものか？」という問いにはっきりした根本的な答えを与えることはできないからだ。

さて、いのちの起源を尋ねるに当たってまず科学的な起源論に焦点を当てて考えようと思う。一般に人々に最も信頼されているのは自然科学であり、自然科学説ではこうであると言えば、多くの人が耳を傾け、聞こうとする傾向があるからだ。

いのちの発生についてはっきり分かっていることは、いのちはいのちから生じるということである。すべての生物はいのちを与えた親から生まれる。クジラはクジラから、ネズミはネズミから、卵は卵から、バクテリアはバクテリアから生まれる。つまり、すべての生物は親からいのちを与えられて生まれ、親なしで自然から発生することはない。これがいのち発生の科学的、経験的原則として確立されている。この原則確立以前には、生き物は親なしでも生まれることがあると信じられていた。例えば、古代ギリシャの大哲学者アリストテレスも、ウナギやその他の生物は親なしで生まれると語っている。また、穀粒、チーズなどの餌《えさ》や巣作りに役立ちそうな古シャツなどをまとめておいておくと、そこからネズミが発生すると信じた科学者もいたそうだ。日本でも、「男やもめに蛆《うじ》が湧く」というように、連れ合いを亡くした男は不精でろくに掃除もしないので、部屋が汚くなるが、その汚いところに蛆が自然と湧いてくるというのである。親なしで生物が自然に生まれるという自然発生説は、科学的にも容易には否認できず、しぶとく生き続けた。

自然発生説に対し、致命的な打撃を与えたのが有名なパスツールの研究である。彼は生命体が存在しない場合には生物は決して発生しないことを巧妙な実験によってはっきり示した。この研究によって自然発生説は否定され、いのちはいのちから、生物は生物から生まれ、親が必要であることが、いのち発生の根本原則として科学的に確立されたのである。

生命科学の教えるところに従って人間の起源を求めて先祖を遡《さかのぼ》っていくと、ついには人類を超えたヒトとサルの共通先祖に達する。さらに遡ると哺乳類一般との共通先祖に至る。このようにして、鳥類、爬《は》虫類、両生類、魚類、昆虫、カビや菌類などとの共通先祖に順次到達し、ついには全生物の共通先祖であり、それ以上遡れない最初の生物に達すると考えられている。地球上の全生物は、共通先祖であるその最初の生物のいのち及びその遺伝子を受け継ぎ保有し枝分かれしながら現在に至ったとみなされている。

これは、生物はすべて親である生物から生まれ、親なしでは生じないという生物学上の大原則を踏まえた合理的、論理的な推定である。この推定が単なる論理的推定に止《とど》まらず、それを裏付ける実証的事実が生命科学の研究によって明らかにされている。これについては前著の第1章で述べた。繰り返すと、専門学者の詳しい研究により、地球上の全生物はDNAの遺伝情報の仕組みが同じであるばかりでなく、DNAの二重螺《ら》旋《せん》構造も同じであり、すべて右巻きの二重螺旋である。またタンパク質合成の材料であるアミノ酸の型も同じだ。自然界には右旋性のD型のアミノ酸も存在しているのに、どういうわけか生物はすべて左旋性のL型アミノ酸だけを使ってタンパク質を合成していることが分かっている。このようなDNAの分子レベルでの微細組織の精密な研究を踏まえて、生命科学者は「地球上の全生物は同一の起源をもつ。つまり、同一の先祖に由来する同一の家族に属している」と推定している。

この推定によれば、人間を含む地球上の全生物は、同一の起源、同一の先祖をもち、そこから分かれてきた家族、同胞、いわば兄弟姉妹の関係にあるということになる。したがって、人間だけが他の生物とは異なる何か特別の存在だという人間優位の考え方は、実証的事実を踏まえた生物学的見地からは認められない非科学的理説であることは明らかである。生物学的なこの結論は、上述のように実証的で精緻な研究の結果導かれたものであるから、これを疑う正当な理由はないと思う。我々はこの生命科学的な結論を妥当なものとして承認し、前提して議論を進めることにする。

しかし、いのちの起源の追求は、地球上全生物の共通先祖である最初の生物の発見で終わるのではない。その最初の生物が何からどのようにして発生したのかという重大な問題が残されているからだ。その共通先祖とみなされた生物は、40億年前とかいわれるはるか過去、地球上に出現したといわれる。それは34億65万年前のオーストラリアの地層から発見されたシアノバクテリアといわれる生物の化石である。この生物は、昔は緑藻といわれ、ずっと以前から生きていたと考えられている。地球上最初の堆積岩としては、約38億年前のものが残っており、そこにこのシアノバクテリアの作り出した構造が残されている。

それ以前には生物は地球上には存在しなかったとされているので、この最初の生物の起源が問われるのは当然である。そしてこれはいのち、生物の究極の起源を問う問題であり、とても重要な問いだ。地球上全生物の共通先祖である最初の生物に至るまでの先祖追求については、原理的にはあまり問題はないと思われる。しかし、最初のいのち、生物発生に関しては科学的、宗教的、哲学的に様々な意見があるが、ざっと区分すると科学の側から提出された「物質からの自然発生説」と宗教の側からの「神による創造説」の二つがあり、そのいずれが正しいかは、本当のところ未だ決着はついておらず、現在でも烈しい論争が行われている。

さて、いのちの起源については、科学の分野からいろいろの仮説が提出されている。その中で有力な仮説とみなされているのは、生命がある時突然地球上に発生したのではなく、生命誕生以前の原始の海に様々な生命体形成の素材が濃縮され、ランダム（不規則）に起こる化学反応によって有機化合物が生成され、それが次第にバクテリアのような原始生命体へと進化していったという仮説のようである。そして事実、生命がタンパク質をつくる際、その素材となる二種類の箇単なアミノ酸、グリシンとアラニンなどの有機物を生物の働きによることなく無機的に合成できることが確認されている。

もちろんこの仮説以外にも、生命体は地球以外の他の天体から生命の種子のようなものが地球に飛来して発生したという説もあり、一部の学者に注目されているようである。しかし、飛来説にはそれを裏付ける経験的、科学的事実がはっきり示されているようには思えないこと、またいのちがどのようにして発生したかという問題を、地球以外の他の天体、宇宙へと先送りすることになるということなどを考えて、ここでは飛来説には触れないことにする。ここでは地球上で生命体が物質から自然発生したという仮説に注目し、それに焦点を当て自然発生説の是非を探ることにする。

自然発生説は、我々の見るところ、その内容がどうであれ、理論的、原理的に見て大きな難点を抱えているように見える。というのは、地球上最初の生物発生以後のすべての生物がいずれも親から生まれ、自然発生をしないのに、最初の生物だけが自然発生したという説は、説得的な経験的科学的な根拠、合理性が希薄だからである。むしろ最初の生物もそれ以後生まれた他の生物と同じように何らかの意味で親を必要とし、その親から誕生したのであって、「自然発生したのではない」と考えるほうが理論的に首尾一貫しており、合理的なように思われる。科学者がこの問題を十分に吟味せず、最初の生物に限って物質から自然発生したはずと推定して研究を進めているのは、お座なりで安易な態度のように思われ、少なくとも科学的で厳密な研究態度のようには見えない。この問題は後にまた触れる機会があるので、そこで再度論じ、ここではこれ以上は詮索せず先に進み、自然発生説の内容、実態を探ろう。

第1節　機械には見られない生物独自の特異な働き

いのちをもつ生きものが、物質からできた機械と同じように部品を組み合わせて作られるものであれば、生物、いのちの自然発生説は道理ある妥当な科学説ということになろう。しかし、反対に生物の実態・成り立ちが機械とは似ても似つかぬものであれば、生物が物質から自然発生してきたという仮説は妥当性が疑われ、仮にそれがどんなに広く信頼されてきた仮説であっても、信頼するに値しないことは、避け難いように思われる。それで生物を機械と比較しながら、その性質、働きを具体的に観察し、生物が機械とは似ても似つかぬ特異な存在であることを明らかにしよう。

生物は機械と同じように自然法則に従って活動、運動するものであり、生体には物理、化学的な法則が行われている。その点は、生物と機械は共通的で、その意味では生物を機械の一種とみなすことは間違いとはいえない。しかし、その共通性は一面的であって、その実態は両者驚くほど違っている。

（1）自分自身を再生し、更新する機械はない。ところが、生物はどんな生物でも自分の組織や細胞を絶えず更新している。前著でも述べたように、人体においては毎秒およそ5000万個もの細胞が死滅し、新たに5000万個の幼細胞が誕生する。5日ごとに我々の胃壁は作りかえられ、肝臓は3ヶ月ごとに新しくなる。そしてからだを構成している原子は、1年間でその98パーセントは交替するといわれる。劇的なのはイモムシやガの幼虫が蝶や蛾の成虫へと変身する実態だ。さきにも触れたように、蛹《さなぎ》や繭《まゆ》の中では狂乱的な出来事が次々に生じている。蛾では幼虫の腹部に並んでいた余分の肢が失われている。イボのような肢がついていた胸部に長くてほっそりした成虫の脚が生えてくる。口器は咀嚼《そしゃく》型から吸い取り型に変化する。生殖器が発達する一方で四枚の翅《はね》も生えてくる。筋肉系もほとんど更新される。古い組織の破壊と新しい組織の創造が同時に進行する段階では、蛹の体内はほとんど液状だ。

蝶の成虫と幼虫は何十箇所もの器官の形状ががらりと変わるが、こうした変化はみな蛹の内部で起こる。そこでは幼虫がどろどろした液体へと変質し、食細胞を使って自分自身を食べてしまい、新しい組織体にすばやく更新される。這い回っていたオオカバマダラの幼虫が成虫へと変身して、一時間に30キロメートルあまり飛べるようになるのに、たった1～2日しかかからない。しかも、一匹の蝶をつくるのに幼虫一匹で事足りる。このように生物では死と生の烈しいドラマが日々行われている。こんなことはとても機械でできる仕事ではない。

（2）それだけではない。機械は自分自身を修復できない。機械は損傷を受けても、外から手を加えぬ限り、傷はそのまま残っている。それに対して生物はある程度まで自己修復ができる。多くの動物は体の一部が切れたり損傷を受けると、その部分は新しく再生できる。人体でも胃や腎臓などの再生が見られるが、ヒトデ、プラナリア、サナダムシなどは体を半分に切られても、失われた半身を再生させて、個体を復活させてしまう。

　植物の再生力は動物以上だ。一個の細胞、一片の組織体からでも、元の完全な植物体を形成する能力をもっている。挿し木や接ぎ木などはよく知られている現象だ。こんな離れ業《わざ》をやれる機械があるだろうか。例えば、ハンドル一個から車一台を作るなんて想像するだけでも馬鹿げている。

（3）機械では一つ一つの部品が先行して作られ、全体はその部品の集合、組立として後から成立する。これに対して、動物や植物ではたった1個の受精卵が先行し、その中に今後どんなからだ、部分を作るかという全能性、全体性がすでに可能的なものとして存在している。つまり、からだを形成している各細胞、各組織、各器官などの各部分は、その受精卵のもつ全体性から分化してきたものとして、後から生じたものである。つまり、生物にあっては機械とは反対に全体性が部分（部品）に先行している。

　このように機械と生物では、部分（部品）と全体との関係が全く逆になっている。そして機械における部分と全体との関係は、物質における構成要素（部分）と全体の関係と全く同じであることを指摘したい。物質においては、その構成要素である分子が先行し、その分子の集合、結合体として様々な物質、物体が成立している。そしてその分子にはさらにそれを構成している原子が先行し、原子の結合として分子が成立していることはよく知られている。例えば、水はH_2Oという分子の集合として存在しているが、この水の分子はその構成要素である水素原子（H）2個と酸素原子（O）1個から成立していることは、科学の教えるところである。

このように機械も物質も部分（構成要素）が全体に先行し、それの集合、結合として全体が成立していることは明らかであり、その逆はない。物質並びに機械の成り立ちと生物の成り立ちとは全く正反対で、成り立ちが原理的に違うことをよく認知しなければならない。

以上3点について生物と機械の基本的な相違を見てきた。もちろんこれら以外にも両者の違いはあるが、それは省略する。いのちの起源を尋ねるに当たって、予《あらかじ》めこれだけの基本的な違いを知っていれば十分だと思うからである。両者のこのような基本的な違いから帰納的にごく自然に導かれてくるのは、いのちをもつ生物は、機械とはその成り立ちやそれの働きが異なる別種の存在ではないかということである。そうすると、そんな生物の起源は機械のそれとは原理的に異なるのではないかと考えるのは、ごく自然的な帰納的発想だと言えるだろう。

ところで、機械がいのちのない単なる無生の物質から作られていることははっきりしている。とすれば、生物は物質からではなく、非物質的な何ものかから生じると考えることはごく見やすい道理だと思われる。事実、我々の知る限り、生物は生物から、いのちあるものはいのちあるものから生じ、無生の物質から生じた例は皆無である。このことは、パスツールたちの研究によって確立された生物発生の大原則であって、疑う理由はないであろう。とすれば、すでに指摘したように地球上最初に出現した生物であっても、それは物質に起源をもつのではなく、ある種の生命的存在を親として誕生してきたと考えることが、素直で経験的帰納的な判断であり、妥当な判断だと思われる。

ところが不思議なことに、多くの科学者はそうは考えない。彼らはこれまで誰もかも経験的に認め確立していた「生物は生物から」という経験的原則を無視して、地球上最初の生物だけは例外で、それはランダムな物質の運動の結果、過去たった一度だけ自然発生したのだと断定する。しかも、確かな経験的合理的根拠を示さないままそう断定する。この点、生物の自然発生説定立の不合理さはさきに指摘した。

自然発生説はもっともらしい根拠、理由は並べてはいるが、私たちの見るところ、それは結局のところ「最初の生物は物質から自然発生してきたに違いない」という科学者の思い込み、独り善がりに基づく独断に支えられているように思われる。強いて言えば、宇宙、自然界に存在するもので、真に実在しているといえるものは物質だけであり、いのちや心や精神といわれるものがもしあるとすれば、それらは物質から生じた第二義的存在に過ぎないのだ、というような唯物論的な物質主義を無批判的に受け入れ、信じ込んでいるがため、自然発生説を唯一正当な科学説として定立するに至ったのではなかろうか。もし物質主義を信じ込めば、いのちをもつと信じられている生物も、結局は物質から発生すべきことは当然であり、物質に起源をもたないいのちや生物の発生などありえないことになるだろうからである。

しかし、こういう考え方こそ「物質主義」という未だかつて証明されたことのない観念、イデオロギーに取り憑《つ》かれた科学者の思い込み、バカの壁に取りこめられた独断に過ぎないことを指摘しておきたい。したがって、そのような独断的な思い込みに支えられ、しかもさきのように明確な反証の示された自然発生説は、経験的帰納的根拠をもつべき「科学的仮説」の名に値しない仮想的な憶測に過ぎないと言っても差し支えないだろう。

しかしながら、そうは言っても自然発生説が科学者を中心に広く信じられている現在、さきのようないわば理論的な理由だけからこれを葬り去り、無視することは速断にすぎ適切とは思われない。その自然発生説成立の内面、実態に立ち入って、この説が実際にどのような意義をもつ学説であるかどうかを精査する必要があると思う。我々にはその学説の実態をしっかりつかまえた上で、この説に最終的な判定を下そう。

第2節　いのちの自然発生説を斬る

自然発生は現実には起こりえない

多くの人々は、「自然法則」といわれるものは確定的で揺らぎのない確かなものだと考えているようだ。けれども、果たしてそうだろうか。物理学の教えるところを見てみよう。物理学によると、物理法則といわれるものは無秩序で不規則な熱運動をしている無数の原子が互いに一緒になって集団で運動する結果、生まれてきた法則だとみなされている。だから、物理学的、化学的法則はすべて原子の無秩序な集団的運動が生み出した統計的、近似的な法則にすぎないと物理学者は主張する。これはサイコロを振る例と似ている。我々がサイコロを振ると、ある時は2、ある時は5など1~6までのいろいろの目がランダムに、しかも互いに無関係に独立して現れる。そこには何の規則性も傾向性も見られない。しかし、数多く振っていると次第に規則性が現れてくる。つまり、どの目も1／6に近い確率で現れてくることが統計的に示される。この場合、確率1／6という規則性、法則性は絶対的のものではなく、近似的な数値であることはよく知られている。無秩序で偶然に現れる一つ一つの目が多数集められ調べられた結果、このような確率1／6という近似的な規則性、法則性が現れたわけだ。

自然界に見られる物理法則もこれと同じ道理だと物理学者は考えたのである。波動力学という新力学を打ち立てた独創的物理学者シュレディンガーは、『生命とは何か』においてその実例をいくつか挙げているが、ここではその一つを紹介しよう。

「……拡散という現象があります。いま一つの容器に液体、たとえば水をみたしてあるとします。その中に何か色のついた物質、たとえば過マンガン酸カリが少量溶けており、しかも濃度が一様でなく、たとえば図のようになっているとします。図では小さな丸印が溶けている物質（過マンガン酸カリ）の分子を表わし、濃度は左方から右方へ向かって減少しています。さてこの溶液を放置しておくと、『拡散』というはなはだ緩慢な過程がはじまり、過マンガン酸カリは左から右の方へ向かって拡がります。いいかえれば濃度の高い方から低い方へ向かって拡がり、ついに水全体にわたって一様に分布するに至ります。

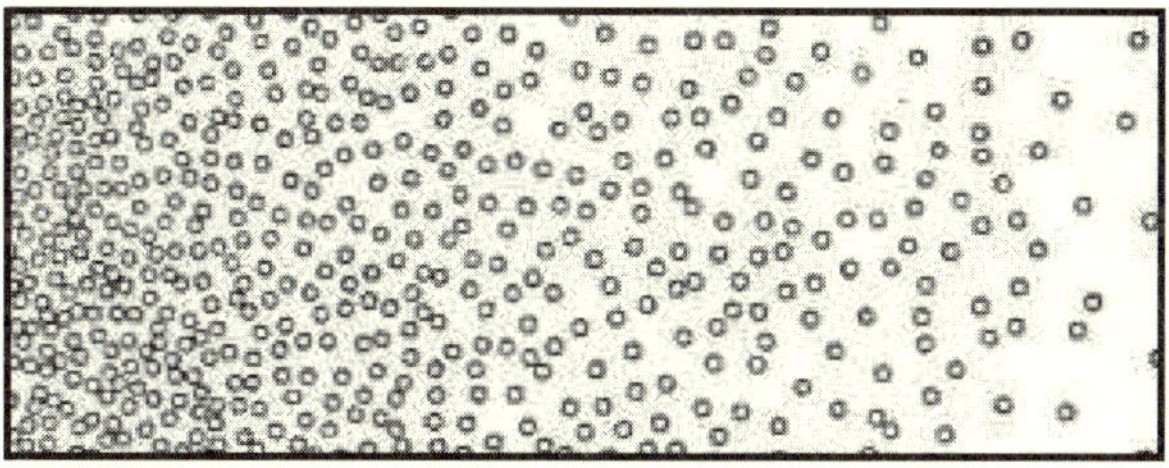

図：溶液中における左方から右方への拡散

このような、かなり単純でちょっと見たところ特に面白くもない現象について、次のことを注目すべきです。過マンガン酸カリ分子を、混雑している場所から、より空いている場所へ——ちょうど一つの地方の人口が、活動の余地のより多くある場所へと広がってゆくように——押しやる何らかの力あるいは傾向によってこのような現象が起こるのではないかとか、と考える人があるかもしれませんが、決してそうではありません。そのようなことはいまの過マンガン酸カリの分子では何も起こりません。分子のおのおのが他のすべての分子とまったく無関係に独立に行動し、他の分子と出合うことはきわめて稀です。それらの分子のおのおのは込み合っている地域にあろうと空いた地域にあろうと同じ運命をたどり、水分子との衝突によって絶えずこずきまわされ、あらかじめ予言することのできない方向へだんだんと移動してゆきます——或る場合には濃度の高い方へ、或る場合には低い方へ。そしてまた或る場合には斜めの方向へ。」

しかし、このようなでたらめな分子の運動にもかかわらず、濃度が一様になるのは溶液を左右に分ける一断面を考えればよく分かる。過マンガン酸カリ分子はでたらめな運動によってその断面の右のほうにも、左のほうにも等しい確率で運ばれる。まさにその結果、断面を左方から来て横切る分子のほうが、右方から来て横切る分子より多いことになる。そのため左から右に向かって分子の規則正しい流れが生じ、それは分子の分布が一様になるまで続くのである。

この実例からも分かるように、物理学的な法則は物理学者の言うように、まったくでたらめな粒子の熱運動を基礎にしているので、近似的な妥当性しかもたないことが分かる。そしてその近似性は、現象に参加している分子、原子の数が多ければ多いほど高くなることが理解されると思う。それはサイコロのそれぞれの目の出る確率は、サイコロを振る回数が増せば増すほど1／6に近づくのと同じである。この場合でも、1／6という確率はより近似であることに止《とど》まり、絶対的で確定した数値でないことを知らなければならない。

それで生物、いのちの自然発生説では、このように無秩序でばらばらな物質の熱運動の結果、生物がまったく偶然に生じたものと考えられている。そうすると、生物やいのちが無秩序な分子、原子の熱運動によって偶然に生じる可能性、確率はどの程度かということが当然問われるであろう。我々が馬券や宝くじなどを買う場合、当たる確率が極端に低ければ誰も買わないだろう。その確率が高ければ夢を求めて買う人が出る。

自然発生の場合、その確率が割り合い高ければ自然発生説はすでに指摘したような重大な難点があるとしても、事実上それを乗り越えられる有力な学説といえるようになる。もしその確率がゼロではないがほとんどゼロに近い場合には、原理的には物質からの自然発生は不可能だと断定はできないにしても、しかし実際上は不可能だと言われてもやむをえない。その場合には、自然発生説は実際にはほとんど無力で説得力のない学説と言わざるをえないことになる。

　フランスの有名な生理学者ルコント・デュ・ヌイはその著『人間の運命』において、いのちが偶然に誕生する確率について論じている。それによると、地球上にいのちが自然発生する確率を求めようとしても、生物体はあまりにも複雑でその基礎を築くのは不可能だ。ただこの問題は大いに単純化できるという。生物体の最も基本的な要素、たとえばタンパク質のような巨大分子誕生の確率についてなら試験できるという。

　ヌイはシャルル―ユージューヌ・ギイ教授の試算を紹介している。タンパク質は常に最低でも炭素、水素、窒素、酸素の四つの原子、その他に銅、鉄、あるいは硫黄などが加わってできているが、問題をきわめて単純化するため、想定するタンパク質の構成原子を二種類だけに限る。そしてこれらの原子の原子量を10と仮定すれば――これも話を単純化したまでのことだが――分子量は２００００となる。この数値は最も単純なタンパク質の分子量よりも低いだろう。（因《ちな》みに、卵のアルブミンの分子量は３４５００である）。

　このようにほしいままの単純化を行った条件のもとでは非対称度０・９（注1）という配列が現れる確率も高くなるが、そのタンパク分子の生じる確率は次のようになる。

2.02×10^{-321}　つまり　$2.02 \times 1/10^{321}$

（注1）生命組織の基本的分子は、著しい非対称性を特徴としている。その場合、非対称とは例えば次のようなものである。一つの箱の中央に仕切りがあってその両側に白黒二種類のボールがそれぞれ6個ずつ、白は白、黒は黒と分けられて別々に入っているとする。この場合、両側のボールはまったく非対称的で、非対称度は1である。そこでその仕切りを取ってガラガラと掻き回して前と同じように仕切る。その結果、仕切りの両側とも白3個と黒3個ずつ入っていたとする。それは完全な均等性をもった最も対称的分布である。それを非対称度0・5として表わす。そして最も起こりそうな分布は0・5の周辺に集まってくる。

この確率のもとで試算すると、1個のタンパク分子が生じるに必要な物質の量は、我々の想像をはるかに超える。その量たるや、光が地球上に達するまで200万（2×10^{6}）年もかかるはるか彼方の星雲を含む全宇宙の量でさえ較べられないほど大きい。言うならば、アインシュタインの宇宙の$10000^{7}\times10000^{7}\times10000^{7}$倍の量を考えなければならないという。また地球と同じ大きさをもつ物質の中で、そのような分子（非対称度0・9）をただ1個作るためには、平均しておよそ10億年の10^{243}倍の時間が必要だと推定されている。

地球が発生しておよそ46億年、偶然に1個のタンパク分子を作ることさえ全然時間が足りない。それでも理論的には1秒後でも偶然にタンパク分子が発生するかもしれない。だが、そのような分子の発生する確率は、実際的にはゼロだ。

その上、生物の発生には1個のタンパク分子が発生しただけでは駄目である。何千、何万という同質の分子や異なる分子の発生が必要である。それらの分子が次々と生まれてこなければならない。たとえば、大腸菌のような原初的生物でも、3000種類のタンパク質があり、人間には100万種類のタンパク質があるといわれる。そして生体の基本的単位である複雑な構造をもつ各種の細胞が発生する必要がある。ただその確率は右に試算したタンパク1分子発生の確率に比べると、とてつもない低い数値となり、実際にはゼロであることは明白だ。

このように生命体が物質の分子、原子の無秩序な運動によって偶然に発生するチャンスは理論的にはゼロではないとはいえ、現実の宇宙や地球の物質量に照らしても、またその発生に要する時間から考えても、実際的にはゼロで現実には起こりえないと断定しても差し支えないと思われる。

ノーベル生理医学賞を受賞したフランスのJ・モノーもその著『偶然と必然』において、生命の発生というようなたった一度しか生じない出来事の生じる確率はほとんどゼロだと述べている。

それなのに、なぜ多くの科学者は生物が過去のある時期、物質から自然発生したと強弁するのか。科学的合理的精神からはとても考えられないことだ。自然発生説の実際は、過去のある時期、物質の不規則な熱運動の結果、正に奇跡によって、生物、いのちが発生するに至ったという説とその実態は同じだと言われても仕方あるまい。言葉を変えて言えば、自然発生説の実態は経験的、合理的な科学の分野に、しかも生命の発生という重大な根本的出来事に関して、信仰、奇跡を持ち込んだ非合理的、非科学的学説にほかならないと思われる。しかもこの説によって発生論者たちは、生命の起源問題が原理的に解決できた、あるいは少なくとも解決できるはずと信じているようだ。だから、彼らは物質によらない生命の発生を説く神話や哲学、その他の説をことごとく取るに足らない幼稚な非科学的な説話のように見下し、それらを丸ごと捨てて目もくれない。

我々は、自然発生論者やその同調者たちのこのような非難を、そのまま彼らに返そう。自然発生説こそ、その実態は奇跡に頼った非科学的説話であり、そう考えるべき経験的合理的根拠を示しえない科学者の独り善がり、思い込みにすぎないと断定することができる。

奇跡に頼る全く非科学的な自然発生説

しかも自然発生説への疑念は、これだけに止《とど》まらない。我々の見るところ、さらに重大な致命的欠陥が手つかずのまま放置されている。それはいのちそのものの発生についての問題である。自然発生説が解明しようとしたのは、自己複製や代謝機能をもつタンパク質がどのようにして無機的物質から進化発生したのかということである。つまり、そこではからだ発生の起源が問われている。しかし、肝心要《かなめ》の問題はDNA、遺伝子を働かせそれらをからだ形成の情報として使いタンパク質を合成する「いのちそのもの」が、どうして自然発生したのかという問題である。この問題こそ生物の自然発生に関して最も重要な根本的課題だと我々は考えている。いのちそのものの発生に触れない生物の自然発生説なんてほとんど意味はないだろうからである。

前著で明らかにしたように、ＤＮＡそれ自身は物質代謝を行い自己複製を繰り返しながら、からだを形成し働かせるというような、いわゆる生命的な活動する能力をもつものではない。ＤＮＡそれ自身は、遺伝情報の書かれたいのちなき設計図、物的な断片にすぎない。このことは前著でも指摘したように、例えば死体から取り出されたＤＮＡをいくら培養しようとしても、取り出されたそのＤＮＡが栄養物を取り入れ物質代謝を遂行して自己複製しながら成長して生物になることは決してない。またウィルスがＤＮＡあるいはＲＮＡをもちながら、いのちをもった宿主細胞の働きに依ることなくしては、それ自身存在しているだけでは生体の形成に関して何の働きもなしえないことを見てもはっきりしている。ＤＮＡが生体形成に関して設計図の働きをするのは、いのちあるもの、つまり宿主となる生物との関わりをもった場合だけである。詳しくは前著を参照していただきたい。

旧ソ連の有名な生化学者オパーリンも同じような指摘をしている。彼は核タンパクを含め、生体から分離されたどんなタンパクでも、それ自身では生命の特徴である物質代謝を行わないことを指摘し、ウィルスさえ宿主細胞で行われている物質代謝を背景として初めてその特異な性質を表わすことができると述べている。つまり、遺伝物質の発生をいくら研究しても、それは物質代謝を遂行する生物、いのちの起源の研究にはなりえないというわけだ。

だから、現代の生命科学のように、タンパク分子発生のような生物の物的側面の発生だけをいくら研究しても、それだけでは生物、いのちの全面的な研究になりえないことをはっきり認識する必要があろう。いのちそのものの発生については、ＤＮＡの発生とは別個に研究しなければならない。すなわち、そのＤＮＡを働かせ、それを操作して必要なタンパク質を合成するいのちそのものに関しては、ＤＮＡの発生と別個に研究することが求められるのだ。いうなれば、現代の生物学、いのちの科学的研究はその肝心のいのちそのものを無視した、いのちなき生物の研究、単なる物の研究になり下がっているとさえ考えられる。そんな状態ではさきに指摘した機械とはまったく異なる生物独自の働きを遂行しているいのちそのものの解明はおろか、生物それ自身の研究としても極めて不徹底である。そこには科学者たちの物質への異常なこだわり、偏見が見られるのは残念である。それは大阪から東京へ行くのに、下りの九州方面の電車に乗って東京へ着くはずだと錯覚しているようなものだからである。

自然発生説については、どうやら結論が出たようだ。私たちが物質主義の呪縛から自由になって、先入観にとらわれない見地から、生命の自然発生説を精査すると、それは物質主義という「物神」に取り込まれ、あげくの果て奇跡に頼るという合理性を欠いた非科学的な憶測であると断定して差し支えないと思う。それで我々は自らを物神、物質主義から解放して何ものにもとらわれることなく、事実を事実として認め、それに従って地球上最初の生物のいのちそのものの起源を尋ね、自らの眼でその真実を確かめることにしよう。

第3節　自然発生説を超えて

いのちの始源者——生物ならざる生命的存在

　では、地球上最初の生物は何から発生したのであろうか。ここでは、もはやこれ以上遡《さかのぼ》ることのできない究極的ないのちの起源、つまりいのちの始源者が何であるかが問われている。いのち、生物の究極的な起源を物質に求めた自然発生説が確かな根拠をもっていなかったことが明らかになった今、何にそれを求めればよいのであろうか。

　生命科学の知見によると、すでに述べたように、地球上最初の生物も、それ以降のすべての生物と同じような遺伝的仕組み、機能を簡単な形であってももっていただろうことが推定されている。つまり、最初の生物もそれ以降のすべての生物も、生物としての基本的な仕組みは同じであり、両者には原理的差はないとみなされている。そして後者はすべて親からいのちを与えられて誕生してきたものばかりで、例外は認められていない。そうとすれば、すでに示唆したように、この最初の生物といえどもいのちをもつ何らかの生命的存在からいのちを与えられ、それを親として地球上に発生したと考える経験的、帰納的な理由があると思わざるを得ない。

　総じて、科学は経験的帰納的な判断を行い、物質に関する認識理論を定立、修正しながら現在のように発達し、信頼される立派な学問の体系をつくり上げてきた。我々も科学が用いて成功してきたその同じ方法を用いて、いのちの起源についてさきのような判断を下したわけである。このことを確認しておきたい。けれども、ここにはなお大事なことが残っている。それは最初の生物にいのちを与えたとされる生命的存在は生物ではあり得ないということである。というのは、そのいのちを与えたものがもし生物であれば、その生物にはいのちを与えた親がなければならぬことになって、このものはいのちの究極的な起源、いのちの始源者ではありえないことになるからである。つまり、最初の生物にいのちを与えた生命的存在がいのちの始源者であるためには、それは親を必要とせず、それ自身で存在しうる生命的存在でなければならない。そしてそんな生命的存在は親の必要な生物ではありえないことは明らかだ。つまり、いのちの始源者は「生物ならざる生命的存在」と考えざるをえないというのが筆者の考えである。我々のこの考え方に異を唱え、生命的存在だから生物であるはずと主張するならば、パスツールの大原則「いのちはいのちから、生物は生物から生まれる」に従ってこの生命的存在は、いのちを与えた親を必要とするがため、いのちの始源者でありえないことになり、その結果いのちの起源、始源の問題は親からその親へと無限に溯《さかのぼ》っても解決せず、謎のまま残ることになるだけであろう。

物質に生命の起源を求めることに経験的合理的な根拠が認められず、結局は奇跡に頼るという破滅的な結果を招く自然発生説を捨て、またいのちの究極の起源、いのちの始源者の解明への途《みち》を閉ざすことを避けて、その起源の問題を経験的合理的に解決しうる有効な途は、親なしで存在しうる「生物ならざる生命的存在」というものを、いのちの始源者、実在者として想定し、これを認めることだと著者は考えている。つまり、我々は生物ならざる生命的存在を想定し仮定してはじめて、いのちの起源という数千年に亘って謎であった問題が自然発生説という物質主義に取り憑《つ》かれた憶測を超えて、合理的な解決へと向かって確かな一歩を踏み出すことが可能だと主張する。

ところで、始源者に関するこの想定は、筆者たちの独創ではなく、今は亡き恩師斉藤了匡《のりまさ》先生から教えられたものである。先生の着想が、いのちの起源をはじめ人間や神などに関わる根本問題解明に当たっての理論的な支えになっていることを記して、先生の学恩に改めて感謝申し上げたい。

ここで我々の起源説の意味合いについて少し触れておく。いのちの起源、始源者は存在するかしないか、あるいは存否不明の曖昧《あいまい》な存在では決してない。それは存在するはずであり、存在しなければならないものである。人間を含めすべての生物は親からいのちを与えられて生まれる限り、必ず親、先祖が必要である。そしてその先祖をどこまで遡っても最初の先祖に辿りつけないということが、実際上ありえないと考えられる限り、いのちの究極的な親、つまりいのちの始源者は存在するはずであり、存在しなければならない。もし存在しないならば、現在の我々も生物も存在することが不可能だろうからである。このことをしっかり認識すれば、いのちの始源者の存在を疑う正当な理由は何もないと思う。ただ、問題はその始源者を「生物ならざる生命的存在」と規定することが妥当かどうかということだけである。

さきに明らかにしたように、生物の起源、始源者を物質と考える自然発生説に経験的合理的理由のないことが明確にされたこと、また始源者を生物ならざる生命的存在とみなす経験的合理的理由が示されたことを考え合わせると、さきのような始源者を想定する我々の起源説は、蓋然性《がいぜんせい》、信頼性のかなり高い妥当な仮説だと言って差し支えないであろう。それで我々はいのちの始源者を「生物ならざる生命的存在」と仮定、前提して議論を進める。

ここで想定した始源者は生命的存在であるが、前著で明らかにしたように、いのちの実態正体は心であり、私である。すなわち、いのちは物質代謝を行い、自己複製を繰り返しながら、からだを形成し、からだを動かし保持する主体である。同時に他方、いのちは人間がものを考えたり、感じたりあるいは意志を決めるという、いわゆる心的、意識的活動の基盤となり、主体となるものでもある。つまり、いのちの始源者としての生命的存在は、我々人間と同じように、ものを考えたり、感じたり、あるいは自由に意志を決め、からだを動かすことの可能な心的実在者なのだ。このことは、人間や神などの根本問題を考えるに当たって大事な視点を提供するので、できれば前著『人間の本性の謎に迫る』を参照していただきたい。

では、このような生命的存在であると同時に心的存在者でもある、生物ならざるいのちの始源者はどこに実在していると考えられるだろうか。「天」とか「イデア界」とかいうような現実的世界を超越した仮想世界、抽象世界に存在するというのではなく、この現実世界、自然界の中に、他の何ものかによって創られた被造物としてではなく、最初から自分自身の力で他者に依存することなく存在しており、現在も存在している実在者だと我々は考える。つまり、いのちの始源者は「現実世界内実在者」にほかならない。

「生理的いのち」と「生き通す不死のいのち」

ここで、いのちの始源者としての「生命的存在」という場合の「いのち」について別の視点から少し考えてみよう。普通我々が「いのち」と呼んでいるものには異なる二種のいのちがあることを知らなければならない。その一つは受精と同時に始まり、個人の死と共に終わるいのちである。これは普通「寿命」ともいわれ、個人の発生から死に至るまで、個人の生存期間中だけ生きて働くいのちである。これを「生理的いのち」と呼びたい。他の一つは親から生殖細胞である精子及び卵子を通じて与えられたいのちである。このいのちは親から親へと先祖をずっと辿って遡ることができ、ついにはいのちの始源者まで達するいのちである。それは生物発生以来何十億年も死ぬことなくずっと生き続け、今も我々や子孫たちの生理的いのちの根底に生きて働いているいのちである。これを「生き通すいのち」あるいは「不死のいのち」と呼んで差し支えないであろう。

この不死のいのちが精子、卵子を通じて与えられ、両生殖細胞の結合により受精が成立するが、その結果生理的ないのちが発生成立し個人が生じる。だから、不死のいのちは生理的ないのちを可能にし、個人を発生させる根本的ないのちである。これまで我々が尋ねてきたいのちの起源とは、この不死のいのちの起源、始原を求めてきたことが理解されるであろう。始源者に起源をもち、それから分け与えられた生き通す不死のいのちの授受は生殖細胞を通じてなされているように、このいのちの授受はこの現実世界の出来事であって、仮想的世界の出来事なんかではない。そうすると、いのちの起源としての「生命的存在」の存在する場を、現実界を超越した仮想世界ではなく、この現実世界、自然界だとみなす我々の見解は、経験的に見て妥当だと思う。その始源者から与えられた不死のいのちが生理的ないのち、個人を発生させたものとして、現実世界に生存しているそれぞれの個人の中に生きて働いていることを知れば、そのいのちを与えた始源者も現実世界の中に存在していると考えるのは、ごく当然な考え方といってよいはずである。

始源者の二元性

なお、ここで指摘しておきたい重要なことがある。いのちの始源者は一元ではなく二元だということである。個人を可能にし、生理的ないのちを発生させた、生き通すいのちの一つは精子を通じ、他の一つは卵子を通じて与えられたものである。そして精子は精子から生じ、卵子は卵子から生じ、他の何ものからも生じない。とすれば精子から精子へとその系統をずっと遡っていき、ついにその系統の始源者に達すると考えられる。同じく卵子の系統を辿り遡ると、その始源者に到達すると思われる。両系統が途中どこかで一致するとは考えにくい。例えば、女系を辿っていけば、ついには男系も含む共通の始源者に到る、ということを想定するのは難しい。それでいのちの始源者は、男系の始源者と女系の始源者の二元を考えざるを得ないことになる。この生命科学的知見は、さきにも触れたように日本の古社において和魂と荒魂が別々に祀られていることと相応し、神道を基層とする日本文明の奥深さと卓越性に驚嘆するばかりである。しかし、このことは人間観、ひいては神観、世界観にも深く関わる重大事であるので、次稿で改めて論じようと思う。

第4節　自然をからだとする始源者

地球を一つの生命体とみなす

前節でいのちの始源者の存在する場は、現実世界、自然界であることを示したが、この始源者と自然界の関係をどのように考えればよいだろうか。これは自然観、世界観、神観など人間文明の根幹に関わる重大問題であるので、慎重に検討することが求められる。

いのちの性質、働きを見てみよう。さきにも指摘したように、いのちにおいては部分の中に全体性、全能性が含まれている。例えば、親のいのちの一部である生殖細胞の結合した受精卵一個から個体が生じ、親と同じような60兆の細胞をもつ生体を形成することができる。また植物の一枝の挿し木が元の木と同じような樹木に成長する。ニンジン一個の細胞だけからでも立派な一本のニンジンに成長することが、培養実験によって確かめられている。この事実は、全体のいのちの分かれである部分のいのちの中に全体を形成することの可能な全体性、全能性の内存していることをはっきり示している。比喩的に言えば、大洋の水を十分かき回してそれをコップに入れると、このコップ一杯の水は元の大洋の水と同じ性質、働きのあるのと似ている。

それでいのちに関しては、部分のいのちの働き、性質が分かれれば、全体のいのちの働き、性質を類推することが可能になる。ヒトを含めすべての生物はそれぞれ始源者としてのいのちを分け与えられた部分的な生命体である。そして生物はいずれもからだをもっているが、そのからだはいのちの物質代謝の働きによって形成され維持されている。このことは前著以来、繰り返し述べてきたところであり、疑うことのできない生命科学的知見である。とすれば、このことはすべての生物に自らのいのちを分け与えたいのちの始源者、つまり全体的な生命的存在者についても妥当すると考えて差し支えないはずである。すなわち、いのちの始源者は自らのいのちを与えた子供である各生物がからだを形成しそれを支配しているのと同じように、それが存在している場である自然、宇宙を自らのからだとし、それを形成維持するように働いている、と。

この類推、推定は大胆で疑問がもたれ賛否様々な議論を呼び起こすかもしれない。しかし、先程も指摘したように、部分的生命体としての生物における「いのち―からだ」の相関関係からして、全体的生命体としての「始源者―自然・宇宙」の関わりを類推する限り、理論的にはさきのような結論は至極当然のこととして認知されると思う。

少し別の視点から考えてみよう。人間はしばしば「小宇宙」といわれるが、それは大宇宙、自然と人間に同じような仕組み、働きが認められるからであろう。そしてその際、原型は大宇宙、自然であって、人間はいわばそのコピーのようなもの、いうならば人間は自然の一員、メンバーであり、自然の子と称しても差し支えないであろう。つまり、人間は自然の塵《ちり》から生まれて自然に還るのだ。

ところで、自然の子である人間には、からだとは別にからだを形成し動かし維持しているいのち、心が実在し、実際に働いていることは、前著を通じて明らかにしてきた通りである。その実在者、主体者が自然界そのものには存在せず、生物や人間にのみ存在するということは考えにくいのではないか。自然にはもともとなかったいのち、心が、37億年前の生物発生と同時に突然無から生じてきたことになるが、そんなことが信じられるだろうか。人間は小宇宙、自然の子といわれるように、自然と深い関わりがあるとすれば――事実関わりがあり、その関わりのもとで生まれ生存が可能となっている――自然の中には人間と同じような生命的、心的存在が生物発生以前からすでに実在しており、人間のいのち、心も、それを始源者とし、それから与えられたと考えることは納得がいく道理のある考え方のように見える。その意味でも自然の中に生命的心的なものの実在を認めようとする我々の仮説は、受け入れやすい真っ当な理説と言えないだろうか。

しかしながら、そのような推定が可能であり、理由あるとしても、実際に生命的存在が自然、宇宙に影響を及ぼし、それを維持すべく働いている証拠、徴《しる》しがあるであろうか。これが問題である。これは直接には自然科学の問題であって、自然界には生物体におけると同じような物的関係だけでは理解できない、生命的な働きが認められるかどうかということである。現在のところ、科学者たちの多くはこれに否定的で、自然界の現象はすべて物的関係のこととして説明可能だと信じているようである。

ところが、ジェームズ・ラブロックは「地球生理学者」と自称する著名な科学者であるが、「ガイア仮説」を提唱し注目されている。「ガイア」とは、ギリシャ神話に登場する神で、大地の働き、力を神格化した地母神のことである。古代ギリシャ人にとっては大地は母なる大地であり、意志をもった生ける存在、つまり人格神であった。古代人のこの自然観、世界観が現代科学の知見と重なり合うと考え、地球全体が単なる物的存在ではなく、生ける有機体、生命的存在だとラブロックは主張する。地球はヒトをはじめとする様々な生物が単に存在する物的な場所に過ぎないのではなく、大気や海洋などの環境を含めて地球全体が一つの巨大な生命体である。そしてその生命体の能動的、自主的な働きによって、地球、海洋、大気などの物理化学的状況が、過去も現在もヒトを含む生物の生存にとってふさわしく快適な状況を保つようコントロールされているのだ。それはちょうどヒトの生体に見られるように、からだ内外の環境が変化しても、体温や体液の濃度などを一定に保つホメオスターシス（恒常性維持機能）の働きにより、生体が保持されているのと同じだというのである。

地球圏を一つの生き物、生命的存在とみなし、物的状況をコントロールする生命の能動的、自主的な働きを認めるこのようなラブロックのガイア仮説は、人々に衝撃を与えたが、科学界ではほとんど否定的に取り扱われたようである。けれども、最近では環境破壊の問題とも絡んで見直されているようで、日本でも彼のことが話題となり、テレビや新聞で彼の説が紹介されている。

ラブロックは地球大気圏に注目し、それについて語っている。地球上に最初のいのちが出現しておよそ35億年。その間、太陽からの熱放射や地球の表面特性、大気の組成など大きく変わっている。それなのに、化石の示すところによると、地球の気候はほんのわずかしか変化していないという。堆積岩に刻み込まれたところによると、過去35億年の間、ごくわずかな期間でも100%いのちに不向きなことはなかった。海洋が一度でも全面的に凍ったり、沸騰したことはなかったという。長い年月を経て、岩石に埋め込まれた様々な形態の酸素原子の比率から思案すると、氷河期や今よりいくぶん温暖だったたいのちの始まりの前後を除いて、地球の気温はだいたい現在と同じだったと推測される。氷河期の寒波も、北緯45度より北と、南緯45度より南の極地を襲ったにすぎない。地球の表面温度は安定していて、過去35億年間平均温度は、10℃から20℃の範囲に止《とど》まり、いのちに適した状態が保たれてきた。

また現在の大気の酸素濃度は21%であるが、冒頭に触れたように、これは危険と利益のほぼ均衡点にあると考えられる。21%という現在の濃度では山火事も起こる。けれども、地球上のほとんどの場所で火を起こせるという高い生産性をもっている。山火事もその生産性を妨げるほど頻繁に起こるわけではない。つまり、酸素濃度が21%より高くても低くても、我々には望ましくないのだ。

以上ちょっと覗《のぞ》いただけでも、地球が我々人間や生物の生存にとっていかに望ましい条件を備えているかということが分かる。それも生物発生以来、35億年間地球を取り巻く物的状態はいろいろ変化しているというのに、地球圏の気候は一定的でほとんど変わっていないという驚くべき安定性を継続している。

ラブロックはこのように地球が生物、人間にとって望ましい環境条件をずっと維持し続けていることについて、自然界の物的条件だけで説明することは困難であり、ほとんど不可能だと考え、そこに生命体の存在を想定する「ガイア仮説」を唱えた。それはさきに触れたように、地球圏全体が一つの生命体であって、その生命が地球に与えられた様々の物的条件をコントロールして、気温や酸素濃度などを生物の生存に都合のよいように一定に保つべく能動的な働きをしているという仮説である。

例えば、メタンガスだが、それは地球の大気にはたった1〜2ｐｐｍしか含まれていない。しかし、そのわずかの割合でさえ、通常ではほとんどありえないはずだという。大気中のメタンと酸素は太陽光線に出合うと、両者は爆発的に反応して二酸化炭素と水になり、メタンは消失するはずだからだ。しかし、メタンはわずかであっても、大気中に現存している。その量を維持するには酸素との反応の速さから見て、年間少なくても10億トンのメタンが大気中に放出されなければならない。また、メタンの酸化に使われる酸素生産は少なくてもメタンの二倍の量が必要だ。地球の大気組成を一定に保つために、これだけの量の酸素とメタンを、無生物条件のもとで供給できる確率はせいぜい$1/10^{100}$以下だ、とラブロックは推定している。このように通常ではありえないことを説明するために、彼は大気の状態を無生物的な物的過程の結果だとは見ないで、生命圏の延長であり、いのちのコントロールを受けていると考えた。

例えば、酸素濃度が一定に保たれるのは、地球生命体の中に存在する能動的制御システムが働いて、その濃度をコントロールし、生物の生存に都合のよいように一定に保っているのではないかと考える。空気中の酸素が増えると、地球生命体はそれを察知して、メタンの生産過程で何らかの警報を発し、その結果このガスが大気中に生産放出されて、酸素と化合して、速やかに安定した一定の酸素濃度が保たれるのではないかと推定する。

ラブロックは、このモデルを常にホメオスタシース（恒常性）を維持しようとしている我々人体に求めている。例えば、外気が40℃以上になっても、また0℃をはるかに下回っても、我々の体温はほとんど変わらず、36〜37度を維持している。

前にも述べたように、気温の上昇や烈しい運動によって体温が上昇しようとする時に、いのちはそれを察知して、汗を出したり、血管を太くしたりして、熱を放出し、体温の上昇を防ぐ。また、体温が低下する状況に出合うと、まず汗の出るのは極力抑えられる。からだ表面近くの血管は収縮して、からだの内部から来る暖かい血管をできるだけ温度の低い外気にさらされないようにする。また場合によっては、からだをガタガタと震わせて熱を発生させる。このようないのちの能動的、主体的な働きによって、我々のからだは一定水準の体温、恒常性を維持しようとする。

ラブロックはこのようなからだの働き、仕組みと同じような能動的な働きが地球圏でも行われ、地球独自の大気圏をつくり上げてきた。そしてその状況、組成が我々にとって最適であり、地球圏はその状況をずっと維持してきた。また維持しようとしていると考えたのだ。その結果、人間や生物はその発生以来ずっと安定した地球生命圏に守られ進化繁栄してきたという。

ラブロックのこのような主張が科学的見地からどう評価されるか、コメントする立場にはないが、我々の見地からすると、興味深く道理ある主張のように見える。目に見える物質だけを実在すると考え、目に見えない、いのちや心の存在を認めず、それらをからだや脳の中の幽霊のごときものとみなす科学界の常識からすれば、地球生命体の能動性を主張するガイア仮設はまったくの異端で承服できぬものであろう。しかし、いのちや心の実在することを確認しそれがＤＮＡを操り、からだを形成維持することを明らかにし、さらにいのちの始源者として、生物ならざる生命的心的存在を自然内実在者として想定すべき根拠を明らかにした我々にとって、地球圏を一つの生命的存在とみなし、それに物的現象をコントロールしうる能動的自主的働きを認めたガイア仮説は、我々の主張理論を科学的に裏付けた理説、我々への援軍とみなすことができるからである。

著名な惑星科学者松井孝典氏は、諸惑星、とりわけ地球の進化の問題を種々に論じた後、次のように述べている。

「地球が海をつくり、大陸をつくり、二酸化炭素、大気を減らすような方向へ進化してきたという事実は何を意味しているのだろう。そこには互いに関連し合いながら進化の方向を決めてきたという意味で、一つの意志が働いているようには見えないだろうか。地球の進化はたんに熱的に冷えるということではない。あたかも地球自体明確な意志を持っているかのように進化しているのである。その意志とは、いうまでもなく生命の誕生、それも高等生命が生まれ、繁殖し得るような快適で安定した環境をつくり出す方向である。」

松井氏のこの見解は示唆的である。地球の進化の状況を46億年という時間の流れで総合的に見てみると、地球が海や大気をつくり、二酸化炭素を循環させ地表気温がコントロールされるなど、地球諸現象は相い関連しながら一定の方向、すなわち生物が誕生し、高等生命の繁栄可能な快適で安定した環境をつくる方向に進化しているのが見取られる。この見取りから、地球が明白な意志をもってその方向に動いているとみなしうるというのが、松井氏の見解である。これは地球を一つの生命体とみなし、これに生物・人間に好都合な安定した環境を与える能動的、自主的な働きを認めようとするガイア仮説と似ている。もちろん、松井氏はラブロックと違い、地球を規定する生命の存在は認めず、次のように述べる。「生命は地球の意志、進化の一つの結果であって、生命が地球の存在を規定しているわけではない」と。

自然の摂理と合致した日本文明こそ人類を救う

両者の主張は、地球が生物にとって快適で安定したふさわしい環境を形成保持するという方向に進んでいるという点については一致しているが、地球自身が意志をもって自らをコントロールする生命的存在であるか否かという点では相違している。そして現時点では、いずれの説が妥当であるかの科学的決着はついていないようである。

この問題は人間の生体の働きについての考え方の違いと似ている。生体がある一定の方向、つまり個体を保持し、種の持続をはかるため安定したホメオスタシースを維持するよう働いているのは確かである。その限り生体は意志をもって一定方向に働いているように見える。しかし、生体の生理現象はいずれも物理、化学的法則に従って変化、運動しており、それ以外にいのちや心の働きというようなものの存在は、外から客観的に観察する限り認めがたい。そうすると、生体は機械と同じだという認識が成立する。これが人間機械説成立の基本的考え方であって、人間を外から観察する限りその説を承認せざるをえないことになる。

けれども、前著で詳しく論じたように、そうなるのは、外から客観的に観察するという科学的方法それ自身の限界によるものであって、認識の方法はその方法以外に、意識者が自らを反省しそこに意識されたものを把捉《はそく》するという内省的方法のあることを知らなければならない。これは主に哲学や宗教の用いる方法であるが、その内省によって客観的科学的方法では見ることのできなかった心やいのちの直接的把捉が可能であった。すなわち、第三者がからだや脳を外からいくら観察しても見えなかった心やいのちがそのからだをもつ本人が自らを内省することによって、どんな意識が生じているか、また自らの意志の決定によりからだが動くことなどを直接知ることができる。

この内省経験による認識分野は広大で、心が知・情・意の三つの働きがあることや、また宗教、哲学、芸術、文学などが主にこの内省的方法に基づいて成立していることは明らかである。また脳の各部がどんな機能、働きをもつか、それらが意識や記憶などとどのような関わりがあるかということは、脳の動き、運動、変化だけをいくら微細に観察しても分かるはずがない。それは自分の脳が観察され、実験されている被験者、患者本人の証言――患者本人だけに意識され、第三者には決して分からない意識経験の事実――を待ってはじめて脳の各部と心的諸活動との関わりが明らかとなる。その意味で内的、主観的な内省経験は脳科学成立の不可欠の材料を提供するものとして、その存在を否認することは不可能だと思う。

したがって、客観的科学的観察から見えないということだけで、目に見えないものの存在を否認しようとする態度は、科学の客観的な観察方法だけを唯一絶対の確実な認識方法とみなし、その限界を知らない偏見、短見から生じたものであることを、我々は指摘しなければならない。ものごとの真相、実態は、一方法だけでなく、それら両方の方法を併用、駆使してはじめて十全に把捉されると考え、前著以来我々は両方法を用いて人間やいのちの真実相の解明に挑戦してきた。その主要な結論の一つが、客観的に目に見えなくて幽霊のごとくみなされたいのち、心が、意識を成立させからだを動かしコントロールする主体として実在するものであり、両者同一の実在者であるという見取りである。

したがって松井氏のように、「地球は明確な意志をもつかのように進化している」ことは認めながら、生命による能動的、自主的な働きを認めようとしないことは、客観的な観察を重視する科学者としては当然であり、やむをえないとしても、我々の見地からすれば、客観的、科学的方法にとらわれた一面的な主張のように見える。むしろ、からだとの類比で、地球圏全体を巨大な生命体とみなし、物的現象をコントロールするいのちの能動性を認めるラブロックの説が、方法論から見て妥当であると我々は考える。私見であるが、いずれ自然界を支配し、コントロールする生命的存在を是認する科学説が妥当なものとして認められるようになるだろうと思う。

以上述べたことで、我々は自然を自らのからだとし、自然を能動的にコントロール、支配する生命的心的なるものの実在を主張する我々の仮説の根拠についてかなり言及できたのではないかと思う。そして我々のこの仮説は、実は古代から人類がそれとなく気付き、多くの人々に暗黙のうちに了解され受け入れられて、人々の考え方・行動を根底から規定してきた神に関する宗教的信念、信仰を科学的哲学的知見に基づいて裏付け、それの真実性を顕《あら》わにすることに寄与できるのではないかと思う。

人類は太古から自然崇拝の念が強く、太陽や月、星、火や水、また森や山河、巨岩や巨木などについて、それらに何か偉大な力をもつ聖なるものが宿ると信じ、それらの自然物に畏敬の念をもち、それらを神として崇拝してきた。

エジプトの最高神は太陽神ラーであり、シュートとテフヌの兄妹を産み、彼らはまたゲブとヌードの兄妹を産んだ。ゲブは大地の男神で、ヌードは天空の女神である。ギリシャ神話のガイアもさきに述べたように、大地の働き、力を神格化した地母神である。また古代インドの『ヴェーダ』経典の示すところによれば、神は自然界、諸現象の背後にあって、それらを支配している力が神格化され崇拝の対象となったものである。天神ディヤウス、太陽神スーリヤ、地神プリティーウィー、火神アグニなどがそれである。そしてキリスト教が伝播《でんぱ》する以前の古代のゲルマン神話、ケルト神話も自然界の根底に働く偉大な力に神を見た。

わが国の神道も根本はもちろん自然崇拝であり、自然の中に人知の計らいを超えた力、徳のあることを察知して、主にそれを神として畏敬、崇拝してきた。国学の偉大な巨人、本居宣長は、日本の神について次のように規定している。「さて、凡《すべ》て迦微《かみ》とは、古御典等《いにしえのふみども》に見えたる天地《あめつち》の諸《もろもろ》の神たちを始めて其《そ》を祀れる社に座す御霊《みたま》をも申し、また人はさらに云《いわ》ず、鳥獣木草のたぐひ海山など、其余《そのよ》何にまれ、尋常《よのつね》ならずすぐれたる徳のありて、可畏《かしこ》き物をば、神と云なり。」

このように洋の東西を問わず、人類は古代においては自然の中に神を見、それに畏敬の念をもち尊崇してきたが、このような宗教形態は、アニミズム（精霊崇拝）と呼ばれ、近代の科学的合理的精神からは、未熟な宗教形態として低級なものとみなされ、多くはいわゆる高等宗教とみなされた一神教に吸収され命脈を失った。

しかし、我々のいのちに関する科学的哲学的研究は、古代人が直接的に把捉したアニミズムの妥当性を裏付けそれの卓越性を示すものであり、それを真実のものとして現代に甦らせる理由、根拠をいくぶんでも露《あら》わにし得たと思う。人間が地球を中心とする自然に守られ、その恩恵によって我々の生存が保障されている限り、その自然に従いそれを尊崇するのは当然である。もし神が存在し、人間に何らかの恵み、守護を与えるものであれば、自然の働きを通じて恩恵を与えるということは見易いことではなかろうか。

神道は、その自然の中に働く神、いわば自然を自らのからだとする神を崇拝しているが、その自然崇拝はわが国では、縄文以来1万数千年も続き、今なお生き続けている。このことは注目に値すると思う。古代、日本以外にも世界各地で自然崇拝の宗教は広く信じられてきたが、後から成立した、いわゆる一神教的な高等宗教に吸収され、多くは命脈を絶たれ、それらはただその遺跡を残すだけの過去の宗教になってしまった。それに対して、日本人は儒教、道教、仏教、キリスト教など世界的宗教の洗礼を受けたが、古来からの神道を捨てず、それら外来の教えを変容し、また取捨選択して取り入れ、自らの文明を豊かにしてきた。これは世界史上、まれな驚くべきことと言わねばならない。ところで、最初に仏教に帰依した天皇は用明天皇——聖徳太子の父——といわれるが、『日本書紀』（巻二十一、宇治谷孟訳）には、「天皇は仏教を信じられ、神道を尊ばれた」と記されている。

この用明天皇の態度は、新しいことを受け入れる場合、それ以降の日本人の行動の原型、模範となっている。自分の家に神棚や仏壇があり、結婚式は神前でも教会でも、また葬式は仏式、あるいは神式でやっても、日本人は何の矛盾も感じない。そこには自らのアイデンティティーはしっかり守りながら、異文化を広く受け入れるという日本人の類《たぐい》まれなる心の奥深さ、包容性を見ることができる。そのアイデンティティーは縄文以来1万数千年の長大な時間の中に自然と交わり交渉しながら獲得した英知、すなわち自然の中に偉大な力、神が宿ることを信じ、自らの世俗の知恵を排し、心身を清めてその神と一つになり、一体化して神意を察知し、それにそのまま従おうという「一つの心」、素直な心、それが日本人のアイデンティティーの核となるものではないかと思う。

その「一つの心」は、水のような素直な心であるといってもよいだろう。「水は方円の器に従う」というように、水はどんな容器に入れられても、以前の形にとらわれることなく直ちにその新たな容器に順応してそれと一つになる。その素直な心が日本人の魂として脈々として心の奥底に流れており、それはどんなに異なる文明に出逢っても直ちにそれと一つになり、その文明の根幹真相を見取ることが可能な心で、用いうるところは受け入れ、そうでないものは断固として排除する。他と一つになりうるそのような柔軟な素直な心を核として、日本人は世界史上まれなる包容性、寛容性のある豊かな日本文明を築いてきた。

そして他方、日本人はそのような柔軟さ、素直さはもちながら自己を破壊しようとするものに断固抵抗するという極めて芯の堅い性質がある。それについては第2章で詳しく述べた通りである。比喩的に言えば、水はその柔軟さ素直さとは別に、「点滴石を穿《うが》つ」といわれるように固い石にも穴を開け、それに打ち勝つ。また、水は鋼や鉄などの切断にも用いられる。例えば、爆発事故などで建物が崩壊して、人が下敷きになり、救出作業が始まる、その際、あたりはガスが充満し火器が使えない。その時には放水銃を使用して水を発射し硬い鋼材や鉄骨を切断して下敷きになった人を救い出す。このように水は何ものにも負けず相手に打ち克つ芯の強さを秘めている。それが縄文文明が1万年以上も続く、世界史上最長の文明となり、男系を維持する天皇制が多くの歴史的変化を受けながらも2000年以上も続いてきた根本の原因ではないかと思う。

第3章、第4章における生命論的な人間論を通じて言えることとは、日本文明が自然との密接な関わりにおけるいのちの働き、その摂理《せつり》に合致しており、その対極となる西欧文明は重大なところでそうではないことである。人間はすべて生命をもち、その生命は自然の中に存在する生物ならざる大生命、いわば「サムシンググレート」とも「神」とも呼ばれるものに源を発し、それから与えられたものである。そして、与えられたそのいのちは、生物の発生以来37億年間、自然との関わりで分化発達して人間にまで進化してきた。だから、その生命の摂理、働きは、人間を含むすべての生物が従わねばならず、従ってまた普遍的な摂理にほかならない。その生命と自然の摂理を見取りそれに従って創り上げられてきた日本文明は、独自性はもちろんのこと、普遍性をもつ卓越した文明であると言うことができるであろう。その点自然を支配すべきものとみなす人間至上主義の西欧文明とは対極的である。果てしなき抗争を繰り返し出口なき報復を重ね、自然破壊を繰り返し、自滅の道をたどっているように見える人類を救いうるのは、自然といのちの摂理に従いそれに合致する文明を築いてきた日本文明をモデルとし、人類文明を再構築することではないかと我々は考えている。

むすび

世界が注目しだした「日本文明」

今、日本文明ににわかに世界が注目し出したようである。太平洋戦の敗戦直後に占領政策の意図の下に書かれたルース・ベネディクト女史の『菊と刀』によって世界に喧伝された日本は、特殊な野蛮な国であり、普遍性のないいびつな歪んだ国であり、好戦的な日本人であった。従って日本は改革し改造されなければならないとしたのである。これらの日本への評価がどうやら少しおかしいと世界が気がつきだしたということである。このことは故なしとしない。

戦後60年経った今、日本の国際社会での地位はと言えば、まず経済の分野では世界第2の経済大国であり、その実力はマクロで見ても、貿易収支の黒字が大きくかつ着実に続いており、同時に資本収支（所得収支）も２００５年は11兆３５００億円で、貿易黒字を上回ったことになる。これは日本の海外への投資が巨大な額に達していることを意味する。今一つは、特許とか著作権、技術指導料といった、いわゆる知的財産権の売買でも黒字になっている。この三つが共に黒字の国は世界に他にはない。さらに文化面でのジャンルでは、例えばファッションの発信基地として東京がパリと肩を並べるようになり、日本のファッション雑誌がアジアの国々を席巻し、アメリカのニューヨークでも、日本の伝統文化である「茶道」のお茶の会や、歌舞伎が演じられ、大きな人気を呼んでいる。

ここにきて今、日本人の間でも、戦後半世紀の間、アメリカ型の社会、アメリカンカルチャーにどっぷりと浸《つか》ってきたが、どこかこれはおかしいと皆が感じ始めている。社会での異常な病理現象の頻発・激増は、戦後のアメリカによって押しつけられ、アメリカ文明の理念の下に創られた教育基本法によって教育され育てられてきたが、どうやらその教育のゆがみ・ひずみに遠因と真因があるということに気がつきだしたということである。教育基本法は国民の精神を形成し教育していくための根幹をなす基本理念であり、日本文明の理念をしっかり踏まえたものであらねばならぬはずである。現内閣が教育の改革、教育基本法の見直しを最重要課題に掲げているのはその意味で正解である。しかしながら、改革の急所は教員免許等の諸々の制度の改革も大切ではあるが、借り物ではない、日本独自の文明理念に基づく新しい「教育理念」の改革、確立がなされねばならない。

国の形を決める憲法も然りである。また経済活動を支える商法や国民生活の規範になる民法等も然りであり、企業経営のコーポレートガバナンス（企業統括）のあるべき姿についても、欧米流のものでなく、日本独自の文化・文明を踏まえたものをつくらなければならない。国際的常識等といった言葉等に惑わされてはならないのである。コーポレートガバナンスに関して言えば、資本主義に基づく株主第一主義に立って、会社は株主のものとして、社員の首をばっさばっさと切る経営や、企業が単なる物や機械と同じに扱われ、M＆Aと称して利益を得んがための収益第一主義の下に、株主間で売買する風潮や、社員の間の救け合いのダイナミズムが生まれない個人主義に立った競争至上主義等は、日本国の伝統的な文明風土になじまない異質のものであり、日本独自の文明理念を踏まえて、その美質を生かしたコーポレートガバナンスが確立されるべきであろう。

「むすび」を書くにあたり、ここで日本が今、直面している現実的な重要課題について少し簡潔に触れておきたい。世界は今、大きな転換点にさしかかっており、日本も非常に難しい局面に向かってその選択を迫られている。この対応を誤れば手遅れになり、日本は取り返しのつかない道に迷い込むことになるであろう。その難しい選択の課題は内政と外交の両面にある。

まず内政面の第一の課題は経済政策である。経済に活力と成長発展の基調がなくなれば社会は不安定化し、犯罪等も増え、青少年の道徳も益々荒廃に向かい近隣のアジア諸国からも侮《あなど》りを受け、外交面にも負の影響が生まれることとなる。ところが、我が国の現時点での経済政策は、財政・金融共に緊縮路線である。その理由は、財務省発表によれば、日本国には700兆～800兆円近い財政赤字があり、破綻《はたん》が迫っている危機的状況にある。またこのような莫大な借金を子孫に残すことは許されないことであり、したがって国家財政は、支出は公共投資はじめ可能な限り絞り込み、国民には赤字解消のための増税の必要性を訴えている。政府の役人はもちろん、エコノミスト達も、財政危機が進行していると信じ、手に負えなくなる前に何とかしなければならぬと主張し、政府の緊縮財政路線に賛意を表している。

しかしながら我々は、日本は本当に財政危機なのかと反問したい。彼らの主張はどうやらかつてのバブルの崩壊という痛手がトラウマとなって、緊縮路線・反成長の方向にバイアスがかかっていると思われる。我々は、日本は政府発表のような深刻な財政危機ではないと考えている。以下その根拠を簡潔に述べる。

まず注意すべき点は、財務省発表の７００兆円超の債務は粗債務であり、純債務ではないということである。内閣府発表（２００２年）の国民経済計算によれば、日本は債務超過国ではなくて、逆に資産超過の国である。対外債権だけ見ても、２００兆円を超えるものをもっている。政府の言う借金７００兆円超は粗債務であり、国の金融資産４８０兆円（年金積立等の社会保障基金２５４兆円、内外投資１３６兆円、外貨準備90兆円）を差し引くと、純債務で見た国の借金はせいぜい２５０兆～３００兆円位であり、ＧＤＰの半分程度であって、実質欧米諸国並である（２００５年）。増税を声高に言い立て急ぐ状況ではない。財務省の言っている国の借金８００兆円近い危機的状況の喧伝は、増税を国民に得心させるためのある意味で一つの騙《だま》しであると我々は断じたい。世人は、国家がそのような騙しを行うはずはないと普通には考えるが、これはまぎれもなく、国家財政を仕切る財務官僚の財政赤字の修復を急ぐあまりの、誤った企てであると思わざるを得ない。さらに言えば、日本国民の国民負担率（租税負担と社会保障費負担の国民所得に対する比率）は、今や40％に接近しており、２００７年度には所得税の定率減税が全廃される等、小刻みの増税路線が取られており、次に消費税の増税のアドバルーンがあげられている。この路線の方向に進むと、今幸いにして外需で景気は維持されているが、国内消費は低迷しており、消費者物価指数は横ばいを続けている。必ずや、やがて確実に景気は下降局面に向かい、日本経済は萎縮し社会構造も崩れ出し、国力も次第に衰退していくこととなるであろう。

さてそこで、我々が声を大にして主張したいのは、そもそも経済学は経験科学であり、過去の経験の事実を重視すべきものである以上、財政の緊縮路線のもたらすものは何であるかを、浜口内閣の昭和恐慌とアメリカのフーバー大統領の失政に学び、逆に積極財政路線を選択すべきであるということである。積極財政の財源は、例えば外貨準備高90兆円のアメリカ国債を売るのではなく、担保として新規国債を発行すればよいであろう。そして財政赤字の解消とプライマリーバランスの回復は、財務省の主張する安易な「入るを計り出ずるを制する」支出削減と増税の緊縮財政ではなく、名目GDPを年平均5％程度に引き上げる拡大均衡路線の中で自然に伸びる税収アップにより果たされることとなるはずである（菊池英博著「実感無き景気回復に潜む金融恐慌の罠」ダイヤモンド社・参照）。このことは、数年前のアメリカでクリントン政権により実証されていることを知るべきであろう。

教育再生の問題も重要な国家的課題であり、教育を誤れば国は滅びに至る。したがって我々は次稿の主要テーマとして、本稿の哲学＝理念を踏まえて詳論する予定であるが、ここで少し核心部分だけ指摘しておきたい。教育再生に関する政府の3法案は、①学校教育法、②地方教育行政法、③教員免許法であり、制度に関わるものが多いが、制度も大切ではあるがより重要なことは、教育という青少年の育成のための根本にある「教育理念＝哲学」をこそ見直し改正すべきである。在来の教育基本法の理念は、アメリカンカルチャーの哲学であり、そこに唱われているのは、「個人の尊厳」「個人の権利」「個人の自由」等々、個人主義、自由主義が強く打ち出され強調されているが、これは日本文明の哲学ではない。安倍内閣も、教育再生の旗を掲げてはいるが、そこで唱われている理念は、「自由」と「民主主義」であり「個人の人権の尊重」等々であって、これは西欧キリスト教文明の流れであるアメリカン・カルチャーの借り物である。日本文明の哲学は、上述してきたごとく、「個は全体を生かし、全体に貢献することにこそ、存在意義がある」とするものであって、全く逆である。詳論は次稿に譲るが、個人中心主義の「利己の精神」ではなく、周りの人々に、また地域社会に、さらには国家全体のために、そして進んでは世界人類全体のために貢献する「利他の精神」こそを最重要視する。このように、教育の基本の元を匡《ただ》すことにより、新しい道徳も生まれ育ち、荒廃した若者達の心に希望と生きる喜びと勇気を与えることになると、我々は確信する。

日本の国際戦略としての「第三の道」

次に外交面での我が国の重要課題についても簡潔に述べておきたい。まず最近の日本のメディアの論調は、一言で言えばアメリカと組むかアジアと組むか。日米同盟に今まで以上に重心をかけるか、あるいは逆に距離を置いてアジア（この場合、中国）との友好関係をさらに加速させるべきかといった視点である。近隣の大国である中国の存在は、日本にとって今や貿易額でアメリ力を抜いて1位であり、経済面でのパートナーとしての存在意義は絶大である。しかしながら、共産主義国家である中国の覇権主義の影は、現実のものとして様々な形で日本に迫っており、やがて韓国と台湾は、その勢力圏に入るであろうし、全アジアを巻き込んでいくであろう。日本はいずれ中国とは対峙しなければならず、対中国問題は外交面での重要課題であるが、本稿ではこれ以上踏み込まないこととする（次稿「日本文明と政治・経済・教育」で詳論する予定である）。

次にアメリカとの関係であるが、これは今までの日米同盟路線は、軍事的にも経済的にも、日本の安全と存立にとって不可欠の生命線であることに変わりはないし、論ずるまでもない重要事であるが、しかしながらアメリカがいつ、どのように変化するかは予測の限りではない。これは歴史の教える現実である。現にハドソン研究所の日高義樹氏によれば、アメリカの国家戦略は、世界覇権を目指したものから、今や国内の安全第一を考えるものに大きく転換したと言う。そこでひたすらアメリカにすりより、もたれかかっていけばアメリカも迷惑であり、逆効果となる。

さてそこで、それではこれら前二者の選択肢以外に新しい「第三の道」が果たしてあるのであろうかという事が重要である。

先般、読売新聞と韓国日報が共同世論調査を行い、日本と韓国に対するアジアの国々の好感度を両紙に掲載したそうである。東南アジアではおおむね日本に良い印象をもっているとの結果が出た。タイ、ベトナム、インドネシア、マレーシアでは8割から9割の人々が、インドでも9割近い人々が日本に好意をもち、日本に対して世界で主要な役割を果たしてほしいと考えている。

このアンケートを根拠にするわけではないが、日本の選択はアメリカかアジア（この場合、中国）かの二者択一の道ではなく、第三の道があるということに気づくべきである。それは先程のアジア諸国の日本に対する好感度・期待感等も一つのプラス材料ではあるが、日本は日本文明の以上述べてきた独自性と普遍性に自信をもち、日本文明のもつ哲学＝理念を基軸に据えた独自の外交を展開していくべきであろう。したがって、ＯＤＡ（政府開発援助）の援助資金等も、今までのようにただ単に金だけのバラマキは、相手の依頼心を助長させるだけで無意味であり、使ってしまえばそれで終わりである。そうではなくて、日本文明の哲学を主軸に置きながら、思想的啓蒙も含めて日本の諸々の伝統文化（和食や茶道・華道・和服）をはじめ、現代の先端ファッション、建築文化等々をプレゼンテーションしていくためにこそ、大胆に積極的に有効に使っていくべきである。そしてこのような相手への利他の志に基づく貢献活動は、軍事力による以上の大きな影響を与えることとなると確信する。『日はまた昇る』の著者であり、『エコノミスト』の元編集長であったビル・エモット氏も日本への提言で、「経済面でも日本が主導してＡＳＥＡＮ加盟10カ国に、中国・韓国・インド・日本を加えて、地域的な自由貿易協定を結ぶことである。これからの21世紀はあらゆる意味でアジアの時代の到来である。日本にはこういったアジアの地域機構の中で、金融政策も含めて主導権を発揮しリーダーシップを取れる文化力と豊かな経済力と資産がある」と言っている。日本国民のもつ資産は１４００兆円もあることは知られたところであり、おそらく世界でも屈指であろう。このような実力を事実上もつ日本がアジアの諸国を救けるという自国の損得抜きの企図の下に積極的に行動することは、同時にまた、はからずも中国の覇権主義を牽制することにもつながることとなる。逆に何もせず一国平和主義に閉じこもっていれば、日本はやがて気がついた時、一人孤立しており、アジアは中国の色に染め上げられ、万事が手遅れとなっているであろう。そうなる可能性・危険性は非常に高いと見ておくべきである。憲法改正論議も、憲法第九条の改正論議に矮小化して自国の都合で議論するのではなく、世界の平和に具体的に貢献していくためには何が必要で何を改正すべきかを論ずるべきである。アジアの幸せが日本の幸せであり、世界の平和が日本の平和であるとの日本文明の基層に秘められている哲学を自覚して、自信をもって国際社会に向かって行動していく時である。

明治維新の時、国家の植民地化の危機にいち早く目覚め気づいた若者達は、自らの損得計算を超え、身の危険も顧みず、一国（一藩）の視野をも越えて脱藩（退職）し、日本国全体の危機を救うために立ち上がり行動した。現代の若者達よ。貴方達にはかの志士達と同じ日本国人の血が、アイデンティティーが、日本文明の精神が脈々と流れ受け継がれている。21世紀の若者達はアジアの人々を、世界の人々を救けるために立ち上がり行動していただきたい。自然の摂理として、生命あるものにはすべて生命のダイナミズムとして時間の流れの中には「時旬《ときしゅん》」がある。春には花が芽吹き、穀物等の種蒔きの旬である。稲は梅雨時が田植えの旬であり、この時を逃すと秋の実りはない。今の世界情勢は日本が立ち上がり、積極果敢に国際社会に向けて行動する旬であることを繰り返して強調しておきたい。

しかしながら、以上述べてきた国家改革のための、例えば教育再生のための具体策や、さらには世界平和への貢献のための現実的な問題解決のための政策提言等については、本稿はそもそも日本文明とはと問いかけ、日本文明の基層に潜む哲学を探り出しその核心を論ずるのが主題であったわけであり、紙数の上からも無理があるので、稿を改めて次稿で、この「日本文明の哲学」を踏まえて詳しく論ずる予定である。ご期待いただきたい。

我々は本稿では、日本文明の基層に秘められている、その核心をなす「日本人の心」「日本国の精神」を抉《えぐ》り出し、その独自性を、現代の世界の指導理念である西欧キリスト教文明の理念と比較検討し、それぞれの文明がもつ独自性をまず鮮明にしたわけである。その上で、独自性だけで普遍性がなければ、その文明は新しい時代の世界の指導理念たり得ないし資格もない。そこで我々は、現代人がおしなべて納得し得心する自然科学や生命科学の実証理論の知見を踏まえて、日本文明の解明を行ったわけである。今までに先人達によって日本文明の独自性の解釈は色々なされてはいる。日本文明は、神道・仏教・道教・儒教等が重なり合い交じり合った「重層文明」であるとか、あるいは日本は四季に富み、海や山や入り江等の変化に富んだ風土の自然の影響を強く受けて醸成された、自然と共生する「循環型文明」であるとか、また日本人は和を大切にする国民性があり、和を以って尊しとする哲学をもった文明である等の解説がなされているのであるが、我々はさらに一歩踏み込みその文明を形成している哲学の内実について詳述したつもりである。

「世界の平和＝日本の平和」の理念の下に

歴史の解釈には唯一絶対はないもの故に、その意味で我々の解釈が正しいとは努々主張するつもりはないが、少なくとも日本文明の基層に潜む哲学の独自性を哲学者の眼で掘り起こし抉り出して、西欧キリスト教文明に秘められている哲学と比較することにより、ある程度明らかに成し得たと思っている。この点に本稿の一つの独創性があると我々は考えているが、さらにこの日本文明のもつ独自性が単なる独自性・特殊性に止《とど》まり、普遍性をもたなければ、世界の人々を納得させ得心させ得ないわけであり、我々はそのための理論的根拠づけを、自然科学や生命科学の知見に学びながら行った。いわば「生命論的人間観」「生命論的自然観」とも言うべき哲学を土台にしながら、生命体及び自然のもつ摂理のダイナミズムの中に、日本文明の普遍性の根拠づけを求めたわけであり、この点にも本稿の独創性があると我々は考えている。

さて最後にあたり、現代という時代の生々しい世界情勢の現実に眼を向けてみよう。ブッシュ米大統領は、今年1月10日「首都バクダッドの治安確保に向けた努力は失敗した。私の責任である」と認めた上で、バクダッドや西部アンバル県に米兵2万人以上を増派する新戦略を発表した。ゲーツ新国防長官は、今後5年間に米陸軍と海兵隊を9万2000人増強するよう大統領に勧告した。ブッシュは今回、新しく「新イラク政策」を発表したが、その内容はイラク周辺国のイランやシリアとの対決色を鮮明にしたものである。これに対しシリア等は、米軍の増派は火に油を注ぐものであると批判している。大局的に見て中東の政局は大混乱への危機度を増していると言えるであろう。

米国内の議会でも民主党だけでなく、共和党内からも増派反対の声が高まって、上院外交委員会は増派反対の決議案を1月24日賛成多数で可決している。またここにきてイラク政府がフセイン元大統領の異父弟達の死刑を執行した翌日、バグダッドでは相ついで憎悪の連鎖としての爆弾テロが続発し、治安は最悪の事態となっている。米国はこれに対し、イランやシリア等に戦線を拡げ、外部勢力を一気に叩き潰す戦術に出るのか、それとも不名誉な敗北的撤退の道を選ぶのであろうか。ブッシュ政権は早期撤退を実現させるためにこそ、外部勢力を根絶する必要があると主張しているが、これはベトナム戦争の末期に、隣国のカンボジア侵攻作戦に踏み切ったのと奇しくも同じ道であり、結果はスンニ派対シーア派の宗派抗争が、周辺国すべてを巻き込み拡大することとなり、中東大混乱の国際政局になる可能性が高い。すでにイラク戦争の戦費は、泥沼化したベトナム戦争の戦費を上回ったと報じられている。

また一方で欧米の外交専門家やジャーナリスト達の間では、米国は対イラン戦争に踏み切るのはすでに既定方針であり、ブッシュの発言がイラク攻撃前とほとんど同じになっていると指摘している。米国がイラク開戦前と酷似した口実でイランを非難しているのは、ブッシュ政権がイラン戦争を覚悟し、その外堀を埋める意向を強くにじませていると受け止めることができると言われている。現に、最近アメリカのライス国務長官とゲーツ国防長官が連れだって、中東のエジプトやサウジアラビア等を歴訪し、イラン包囲網の強化のために、軍備増強支援の援助を表明している。

他方、ロシアはイランに対し「イランは核攻撃を跳ね返す準備ができていなければならない」として、イランに長距離ミサイルの供与を始めた。イラン大統領は一歩も退く気配を見せず、強気の姿勢を崩していない。この様相は、かつての米ソ東西対立の冷戦時代の時と同じ戦略展開になっており、中東の大混乱は、ユーラシア大陸へと飛び火し、中国は米国を意識した不気味な宇宙空間戦争へののろしを上げ始めており、この中東紛争は世界の大混乱と平和の危機につながっていく可能性を見せ始めたと言えよう。以上のような国際政局の危機の到来は否定しがたいところであり、核戦争ともなれば、人類は軍事力という自らの手で地球を破壊することとなるであろう。この人類の終末が充分に予想されるところの、目には目を、やるかやられるかの征服主義に立った文明では、どうやら世界は救われないということがはっきり見え始めてきている。

我々が力不足ではあるが、本稿で比較文明論に挑戦したのは、世界を救うことのできる、新しい21世紀の世界の指導理念たり得る文明理念を探り出し、見い出すために、「地球市民国際連合」あるいは「世界文明機構」とでも呼ぶべき場で、世界の賢人達が談じ合い議論する時の叩き台にでもなればとの想いからである。日本はこれまでの日本さえ戦争に巻き込まれなければよいとの一国平和主義、消極的平和主義を超えて、日本文明に自信をもち、「世界の平和が即日本の平和である」との理念の下に世界に力強く訴え行動していくべき時旬である。

参考文献

序章

サミュエル・ハンチントン　『文明の衝突』（鈴木主税訳　集英社）
梅棹忠夫　『文明の生態史観』（中公文庫）
中西真彦・土居正稔　『人間の本性の謎に迫る』（日新報道）
アレキシス・カレル　『人間この未知なるもの』（渡部昇一訳　三笠書房）

第1章

プラトン　『国家』『パイドン』『饗宴』（岩波文庫）
アミン・マアルーフ　『アラブが見た十字軍』（牟田口義郎・新川雅子訳）
山内進　『北の十字軍』（講談社選書メチエ）
小室直樹　『日本人のための宗教原論』（徳間書店）
『聖書』（日本聖書協会）
中西輝政　『国民の文明史』（産経新聞社）
ヘレン・エラーブ　『キリスト教封印の世界史』（杉谷浩子訳　徳間書店）
中川洋一　『ヨーロッパ文明の世界制覇』（学文社）
シュペングラー　『西洋の没落』（村松正俊訳　五月書房）

第2章

宇治谷猛現代訳　『日本書紀』（講談社学術文庫）
倉野憲司校注　『古事記』（岩波文庫）
安部國治　『少彦名』（栗山要編集）
鳥居礼　『古代文献「ホツマツタヱ」が語る　知られざる古代日本』（フォレスト出版）
西尾幹二　『国民の歴史』（産経新聞社）
中西輝政　『国民の文明史』（産経新聞社）
ルース・ベネディクト　『菊と刀』（長谷川松治訳　社会草思社）
中村元訳　『ブッダの真理の言葉　感謝の言葉』（岩波文庫）
安田喜憲　『世界史の中の縄文文化』（雄山閣）
三谷　博　『明治維新を考える』（有志社）
西尾幹二　『江戸のダイナミズム』（文芸春秋社）

第3章

『生命―どのようにして存在するようになったのか、進化か、それとも創造か』（ものみの塔聖書冊子協会）
中村桂子　『生命誌の世界』（日本放送出版協会）
小出五郎　『脳』（朝日選書）
林博史　『体内リズムの秘密』（主婦と生活社）
W・B・キャノン　『からだの知恵』（舘鄰・舘澄江訳　講談社学術文庫）
ライアル・ワトソン　『生命潮流』（木幡和枝＋村田恵子＋中野恵津子＝訳　工作舎）
Lyn Margukis　『細胞の共生進化（上）』（永井進監訳）

中原英臣・佐川峻『進化論が変わる』（講談社ブルーバックス）
山村則男＋早川洋一＋藤島正博『寄生から共生へ』（平凡社）
ジェームズ・ラブロック『ガイアの復讐』（秋元勇巳監修・竹村健一訳　中央公論社）
塚谷裕一『植物のこころ』（岩波新書）
アレキシス・カレル『人間この未知なるもの』（渡部昇一訳　三笠書房）
阿保徹『免疫革命』（講談社インターナショナル）
『生物学辞典』（岩波書店）
岡田節人『細胞の社会』（講談社ブルーバックス）
渡辺勝義『神道と日本文化』（現代図書）

第4章

松井孝典『松井教授の東大駒場講義録』（集英社新書）
ロバント・オークローズ、ジョージ・スタインチューノ『新・進化論』（渡辺政隆訳　平凡社）
シュレディンガー『生命とは何か』（岡小天・鎮目恭夫訳　岩波新書）
コント・デュ・ヌイ『人間の運命』（渡部昇一訳　三笠書房）
J・モノー『偶然と必然』（渡辺格・村上光彦訳　みすず書房）
オパーリン『生命の起源と生化学』（江上不二夫訳　岩波新書）
ジェームズ・ラブロック『地球生命圏』（黒川淳訳　工作舎）
松井孝典『宇宙誌』（徳間書店）
本居宣長『古事記伝』三の巻（本居宣長全集　筑摩書房）

著・者・紹・介

中西　真彦（なかにし・まさひこ）

1930年、三重県に生まれる。京都芸術大学卒業、関西学院大学大学院哲学専攻科博士課程修了。ベンカンに入社。東京商工会議所副会頭、新産業人会議代表、国際科学振興財団会長、政府税調委員等歴任。現在は、産業ＮＰＯグループ会長、早稲田大学理工学総合研究センター顧問。著書に『陽はまた必ず昇る　日本の復活六つのカギ』『人間の本性の謎に迫る』『生き残れる組織、生き残る国』など。

土居　正稔（どい・まさとし）

1927年、高知県に生まれる。三重農林専門学校（三重大学）卒業、関西学院大学大学院哲学専攻科博士課程修了。高校教諭を経て、奈良芸術短期大学教授として、哲学・道徳・自然科学史を担当。学生部長として学生指導・進路指導に当たる。現在は、もっぱら研究、著述に従事。著書に『人間の発見』『かしもの・かりものの話』『人間の本性の謎に迫る』。論文に『「いま」と「ここ」の弁証法』『人間研究の方法の吟味』など。

西欧キリスト教文明の終焉　　初版発行　2007年10月10日

著　　者　中西真彦・土居正稔
発 行 人　瀬戸弥生
発 行 元　ＪＰＳ出版局
E-mail：jps@aqua.ocn.ne.jp　FAX. 046-376-7195
カバーデザイン　勝谷高子（ウインバレー）
編　　集　山下隆夫（ザ・ブック）
Ｄ Ｔ Ｐ　實方かおり
印　　刷　ＴＢＳサービス
発 売 元　太陽出版　〒113-0033　東京都文京区本郷4-1-14
TEL. 03-3814-0471　FAX. 03-3814-2366

ISBN978-4-88469-540-8 C1010